东莞职业技术学院技术研发与服务团队资助（团队编号：CXTD201801）
基金项目：广东省教育厅 2017 年度特色创新类（教育科研）重大项目“新时代高职院校服务区域体育产业发展的实践研究”（项目编号：2017GGXJK096）的阶段性研究成果

体育产业创新与科学运营管理研究

杨乃彤　著

中国水利水电出版社
www.waterpub.com.cn
·北京·

内 容 提 要

本书主要从体育产业结构、体育产业组织、体育产业制度、体育产业创新、体育产业管理等几个方面进行细致的研究与分析，在分析体育产业各层面发展基础上，提出了体育产业运营与管理的策略，还重点研究了体育产业核心层、体育产业外围层及其他体育产业层的发展与管理，对区域经济一体化下我国体育产业的发展与管理进行了实证分析。

总体来看，本书对于体育产业的发展深入而透彻，既注重体育产业理论研究，又注重体育产业的实践探索，集理论性、实践性和实用性为一体，对我国体育产业的发展具有重要的指导意义。

图书在版编目(CIP)数据

体育产业创新与科学运营管理研究/杨乃彤著. —北京：中国水利水电出版社，2019. 4

ISBN 978-7-5170-7631-5

Ⅰ. ①体… Ⅱ. ①杨… Ⅲ. ①体育产业－经营管理－研究－中国 Ⅳ. ①G812

中国版本图书馆 CIP 数据核字(2019)第 074491 号

书　　名	体育产业创新与科学运营管理研究 TIYU CHANYE CHUANGXIN YU KEXUE YUNYING GUANLI YANJIU
作　　者	杨乃彤　著
出版发行	中国水利水电出版社 (北京市海淀区玉渊潭南路 1 号 D 座 100038) 网址：www. waterpub. com. cn E-mail：sales@waterpub. com. cn 电话：(010)68367658(营销中心)
经　　售	北京科水图书销售中心(零售) 电话：(010)88383994、63202643、68545874 全国各地新华书店和相关出版物销售网点
排　　版	北京亚吉飞数码科技有限公司
印　　刷	三河市华晨印务有限公司
规　　格	170mm×240mm　16 开本　12. 5 印张　224 千字
版　　次	2019 年 8 月第 1 版　2019 年 8 月第 1 次印刷
印　　数	0001—2000 册
定　　价	60. 00 元

前　言

随着党的十九大的胜利召开，我国迎来了一个新的发展阶段。在党和政府的领导下，我国各项事业都获得了快速发展，其中体育产业作为一项新兴产业，在国民经济中的地位越来越高，扮演着越来越重要的角色。在新时期社会主义市场经济条件下，体育产业市场发展的动力十足，已初步建立了一个相对健全的体育产业体系，为我国国民经济的发展作出了突出贡献。

体育产业作为我国社会产业结构中的重要内容，既重视社会效益，又注重经济效益，在整个社会产业中占据着重要的地位，对周边产业的发展产生了重要的影响，可以说体育产业的发展能在一定程度上带动周边产业的进一步发展，因此，体育产业受到各个国家或地区相关部门的高度重视。当前，我国正步入小康社会的快速发展阶段，在这一时期，我国的城镇化水平不断提升，居民的消费水平也得到了较大的改善和提高，在这样的背景下，对社会产业结构的调整与优化提出了较高的要求，各项产业的发展必须要赶上时代发展的潮流，加大创新获得快速发展，体育产业的发展也是如此。在当今社会快速发展的背景下，体育产业的创新与发展面临着良好的机遇和挑战。当前，我国已成为一个体育大国，正处于由体育大国向体育强国迈进的战略时期，在这一时期，进一步深化体育产业改革，推动体育产业结构升级、加快体育经济快速转型、构建体育产业生态体系成为我国体育产业可持续发展的必然选择。

随着全球一体化及现代科学技术的快速发展，体育产业的内涵日益丰富，经济价值与社会价值越来越显著，体育产业也因此成为社会产业结构中一个极具发展潜力的朝阳产业。在当今社会发展阶段，要想提高体育产业效益、扩大体育产业规模、增强体育产业的国际竞争力、扩大社会影响力，从而促进体育产业的可持续发展，仅靠传统的产业发展模式与手段是行不通的，而是应要求体育产业要不断深化产业体系内部改革，以适应整个社会、市场经济对体育产业创新发展的战略需要。因此，体育产业在发展的过程中要遵循市场经济的发展规律，充分发挥市场对体育产业资源配置的作用，结合政府的宏观调控，但要摆脱过度依赖政府的现象，力求通过产业制度、产业结构、产业管理、产业人力资源等多方面的创新来促进体育产业的健康、持续发展。

当前，市面上关于体育产业研究方面的书籍大都集中在体育产业发展历程与现状、产业结构、产业政策等几个方面，研究不够具体和深入。鉴于此，特撰写《体育产业创新与科学运营管理研究》一书，重点从体育产业结构、体育产业组织、体育产业制度、体育产业创新、体育产业管理等几个方面进行细致研究与分析，以推动我国体育产业在新时期的进一步发展。

本书共有八章。第一章主要阐述了体育产业的基本理论并分析了体育产业的发展态势，能帮助我们更好地认识与理解体育产业的发展情况。第二章重点研究了体育产业创新与发展机制，在深刻剖析体育产业发展现状的基础上，归纳总结了体育产业的创新驱动机制，并提出了体育产业创新与发展的策略。第三章主要研究了体育产业系统各要素的创新、优化与发展，包括体育产业结构、体育产业组织和体育产业制度三个方面。第四章在分析体育产业各层面发展的基础上，提出了体育产业运营与管理的策略，体育管理者要转变体育产业管理的理念，结合当前体育产业管理的环境，设计科学有效的体育产业管理策略，构建一个推动体育产业健康发展的运营与管理体系。第五章至第七章分别研究了体育产业核心层、体育产业外围层及其他体育产业层的发展与管理，这是本书的重点研究内容，属于主体部分。当前是一个全球一体化发展的时代，因此，第八章就重点研究了区域经济一体化下体育产业的发展与管理，重点对粤港澳大湾区体育产业的发展进行了实证分析，为我国其他区域体育产业的发展提供一定的借鉴和参考。

本书对体育产业的发展深入而透彻的分析，既注重体育产业理论研究，又注重体育产业的实践探索，因此，集理论性、实践性和实用性为一体，对我国体育产业的发展具有重要的指导意义。

本书在撰写的过程中，参考和借鉴了大量的有关体育产业方面的书籍和资料，在此向有关专家及学者致以诚恳的谢意，由于时间和精力有限，不足之处在所难免，恳请广大读者批评指正！

东莞职业技术学院 杨乃彤

2019 年 1 月

目　　录

第一章　体育产业理论概述及其发展态势分析

在当今社会背景下，体育产业的影响力越来越大，它已成为一个国家或地区的重要经济命脉。体育产业对国家经济、政治、社会各个层面都产生了重要的作用。因此，推动体育产业发展就成为世界各个国家或地区的重要任务，对于我国而言也是如此。为更好地认识与了解体育产业的内涵，认清当前体育产业发展的形势，本章就重点阐述体育产业的基本理论内容与发展态势。

第一节　体育产业概念界定

关于体育产业的概念历来都有一定的争议，发展至今也没有一个统一的定论，各个专家及学者都有自己不同的见解。本节关于体育产业的概念是在综合诸多专家及学者观念的基础上形成的。

一、体育产业概念的提出

很长一段时间以来，体育在我国都是以一种非产业的形态而存在的，很多时候主要以福利事业来展开各种活动。因此，在以前我国没有“体育产业”这一说法。在我国，“体育产业”的概念最早出现在20世纪80年代中期，这一时期是我国改革开放的初期，经济体制改革、产业结构调整、社会分工大发展等方面促使人们开始对“体育产业”重视起来。1985年，我国政府制定的《国民生产总值计算方案》中，把体育与教育、文化、卫生等部门一并列入第三产业中的第三层次，从此，体育作为我国的第三产业开始获得发展。

改革开放以后，我国加强了与世界其他国家的沟通与交流，国内体育界诸多学者及专家的视野得以拓宽，深深意识到了国外体育产业发展的先进性。在这一阶段，国外职业体育业获得突飞猛进的发展，体育产业生产值占国民经济生产总值的比例越来越大，在这样的背景下，我国也坚定了体育从事业向产业转型的决心。国家经济统计部门、经济学界、体育界等都对“体育产业”给予了广泛的关注，“体育产业”也因此成为一个热门话题。

二、体育产业概念的界定

（一）国外专家学者对体育产业概念的界定

关于体育产业的概念，不同的学者有着不同的见解。对于国外体育专家而言，他们的研究大都集中于体育产业的理论与实践研究两个方面。比如，有些学者认为体育产业是指一个为消费者提供健身、娱乐和休闲产品的市场；有些学者认为体育产业是指生产体育活动的企业或组织等。总体来看，国外大多数专家及学者都将体育产业作为体育物质产品与服务产品生产企业或组织的集合。

关于体育产业概念的界定，学术界进行过很长一段时间的讨论，不同专家从不同侧面对体育产业有不同的理解，这样就难以形成一个统一的定论。但需要注意的是，绝大部分专家都认为体育产业是各种相关产业的集合，其中包含诸多内容，如体育用品制造业、体育健身娱乐业、体育竞赛表演业等都属于体育产业的重要内容，构成了体育产业的主干产业。

（二）国内专家学者对体育产业概念的界定

关于体育产业的概念，我国众多专家及学者也通过自己的研究提出了不同的见解，通过归纳，我国体育专家关于体育产业概念的解读主要有以下几个方面。

（1）体育产业是指进入市场实行商业化经营的体育活动范畴。运动训练、体育赛事、体育培训、体育服务都是其中重要的内容。

（2）广义上而言，体育产业是指与体育运动相关联的一切生产经营活动。体育产业涵盖第二产业和第三产业内容，如体育用品制造业、体育彩票业、体育旅游业等，其发展对国民经济产生重要的影响。

（3）体育产业内涵非常丰富，可以划分为三大类，即体育活动自身的经营、与体育紧密相关的产业及体育系统组织的各种商业经营活动。

（4）体育产业是我国第三产业中的一个重要部门，其发展能为国民经济的发展贡献力量。

（5）总的来看，体育产业分为核心产业、中介产业和外围产业三个部分，在社会发展的不同阶段，这几个部分会随着社会的发展而不断调整和变化。

(6)一般来说,体育产业属于同类体育劳务企业的总和,但不包括体育相关产品企业。

综上所述,我国体育专家与国外专家对体育产业概念的研究存在一定的差别,这主要是由两国的文化与环境及体育产业发展的形态所决定的。但综合各方面的研究,体育产业主要有广义与狭义两方面的含义。广义的体育产业是指全社会提供体育产品的企业、组织、部门和活动的集合,包括体育服务业和体育相关产业两大领域;而狭义的体育产业则是指以体育劳务形式为消费者提供体育服务产品生产的企业、组织、部门和活动的集合。事物是不断向前发展的,人类的研究观点也会随着社会的发展以及客观事物的变化而发生一定的改变,因此,体育产业的概念并没有一个统一的定论,它始终处于逐步完善与发展的过程中,我们要深刻认识到这一点。

三、体育产业相关概念

(一)体育产品

1. 体育产品的概念

体育产品是指由体育生产活动产生的,并且可以满足人们某种体育需求的劳务产品。从体育产品的概念可以概括其具有以下几种属性。

(1)“体育性”。这是体育产品的本质属性,体育产品的出现是建立在体育活动基础之上的,没有了体育活动也就不能称之为体育产品。

(2)“生产性”。体育产品实际上是一种产出品而非投入品。

(3)“劳务性”。体育产品以服务的形式向消费者提供各种劳务产品。

(4)“满足体育需求性”。体育产品的出现除了是体育企业追求利润外,还有一个重要的目的是满足人们的体育需求。

2. 体育产品的分类

一般来说,体育产品可以分为以下三种类型。

(1)体育健身休闲产品。体育健身休闲产品是为满足人们健身和休闲娱乐需要而产生的各类体育产品的集合。在社会上这一类产品很常见,如体育健身指导、体育休闲服务等都是其重要的内容。

发展到现在,体育健身休闲产品在体育产品中占据着重要的地位,它的出现满足了人们参与体育健身与消费的目的。在现代文明病日益肆虐的情况下,人们都渴望健康,而体育锻炼则是一个重要的手段,因此,体育健身休闲产品就受到热爱健身的人们的追捧。

(2)体育竞赛表演产品。体育竞赛表演产品是指为满足人们的娱乐与审美的心理需求而设计的体育比赛或体育竞赛表演,人们通过观看体育竞赛能发展自己的身心水平,获得精神享受。发展至今,体育竞赛表演产品在体育产品中扮演着越来越重要的角色。

(3)体育技术培训产品。体育技术培训是由体育教师或教练员等通过一定的训练手段和方法培养运动人才的过程。在当前科学技术快速发展的背景下,一些高科技的体育技术培训产品大量涌现出来,对于提高运动人才的训练质量起到了极为重要的作用。

3. 体育产品的特征

体育产品的特征主要体现在以下几个方面。

(1)非实物性特征。与一般产品不同,体育产品还具有重要的非实物性特征,如体育健身产品、体育无形资产等都属于非实物形态。这是一般产品与体育产品最大的不同之处。

(2)生产和消费的不可分割性。体育产品的这一特性可以从以下几个方面进行解读。

1)体育产品的不可分割性主要表现在生产过程与消费过程的同时开始与结束。如人们参加体育竞赛活动,随着比赛的结束,人们的活动也随之结束;而在欣赏体育赛事时,随着比赛的结束,比赛场景就不能重复再现,留在人们脑海中的只是回忆。由此可见,在时间上体育产品的生产活动与消费活动是同步进行的。

2)从空间上而言,体育产品的不可分割性是指体育生产活动和消费活动往往是在同一空间中实现的,如健身俱乐部和体育比赛现场。

3)体育产品的亲身参与性。以人们参加体育健身活动为例,要想实现健身的目的,人们就必须要亲自参与;而要想获得观看比赛的愉悦感,也只能通过自身的参与获得,不能由别人替代。

(3)需求层次的高端性。人的需求主要包括生存需求、享受需求和发展需求三个层次。人们对于体育产品的需求属于高层次性需求。

1)人们参与体育产品的消费并不是满足生存的需求。衣食住行是人们的必需品,而体育需求则不是。人们离开了吃穿住行就难以生存,而离开体育运动则不会构成生命威胁,由此可见,体育产品并不是人们的必需品。

2)通过参与体育消费,人们能获得一定的享受性需求。但需要注意的是,人的需求并不是一成不变的,而是不断发展和变化的。因此,当人们满足了一定的享受性需求后，还会有更高层次的追求，这就需要体育产品部门紧跟这一形势，设计出符合人们心理预期和需求的体育产品。

3)体育产品能满足人们的发展性需求。一方面，人们在生存需求得到满足后，会产生更高层次的需求，如健身、娱乐等，而体育产品就满足了人们的这种需求。另一方面，人们的体育需求也是一种重要的人力资本投资。人们通过参与体育消费，除了能增强身体素质、获得愉悦外，还能减少疾病，获得健康，从而延长工作的年限；还能缓解社会竞争压力，提高社会适应性。

(4)消费结果的不可预测性。体育产品的这一特点主要体现在以下几个方面。

1)在体育产业中，体育产品是以劳动形式提供的，这一形式具有不可重复性特点。因此，每一次劳动过程都很难保证完全一致。

2)体育产品最终要通过人起作用，而每个人都存在着较大的差异，如同是参加体育健身俱乐部活动，有的人能获得良好的健身效果，有的人不能获得理想的效果。

3)体育赛事结果难以预测。这表现在消费者对于比赛的激烈程度、比赛的走向及比赛结果等都难以预测出来。

(5)质量评判的差异性。体育产品的这一特征主要体现在以下两个方面。

1)观众在观看体育赛事时，会根据自己的喜好来评价客观对象，不同的观众就会对客观对象做出不同的评价。

2)在参与体育消费过程中，消费者的需求常常难以满足，如有的消费者对健身器材有意见，有的消费者对健身教练有意见，这是体育服务类产品的重要特点之一。

(二)体育市场

1. 体育市场的概念

体育市场具有广义和狭义之分。广义的体育市场是指全社会体育产品交换活动的总和。体育劳务、体育服务产品以及与体育有关的产品等都属于体育市场的重要内容。

狭义的体育市场则是指直接买卖体育服务产品、参与或观赏体育活动的场所，如体育场馆、体育健身俱乐部、体育培训中心等属于狭义意义上的体育市场内容。

2. 体育市场的三要素

(1)体育消费者,指购买体育消费品的人,如购买运动训练服、运动训练鞋,购买体育赛事门票,参加体育俱乐部消费活动等都属于体育消费者。

(2)体育消费欲望,指体育消费者所表现出来的购买需求。总体来看,发达国家或地区的消费者一般都拥有较高的体育消费欲望。

(3)体育消费水平,指按人口平均的体育消费资料的消费数量。通常情况下,经济发达国家或地区的体育消费水平往往较高。

3. 体育市场的特点

(1)体育实物消费品市场的特点。顾名思义,体育实物消费品市场是指实物形态的消费品市场。这一形态的体育市场呈现出以下特点。

1)市场需求要求不同。体育实物消费资料主要有专业和业余之分,为满足不同的体育消费者和体育市场的需求,生产厂家会根据不同需求开发出不同的产品。

2)市场需求具有周期性。实际上,体育运动都具有一定的周期性,这一运动项目在某一个时期会受到人们的追捧,在这一时期就会大量增加与这一运动相关的体育器材和设备,而当流行期过后,该项目器材的市场需求会相应减少。因此,体育产品经营管理者要把握这一周期性特点做好产品的营销。

3)消费者人数众多。人们无论参加何种体育活动都需要有一定的运动装备,而这些运动装备都属于体育实物消费资料,因此,在这一方面有着广大的市场需求。

(2)体育服务消费品市场的特点。体育服务消费品市场是指不提供实物产品,而以活劳动形式向体育消费者提供体育消费品的市场。一般来说,体育服务消费品市场主要呈现出以下基本特点。

1)市场需求的波动性。受各种因素的影响,体育服务产品的市场需求并不是稳定不变的,而是具有一定的波动性。这种波动性与体育消费者的兴趣爱好及社会文化有关。体育产品经营者要充分认识到这一点,以准确把握体育市场的需求动态。

2)市场需求的不平衡性。体育消费属于一种个人消费行为,体育消费者对体育服务产品的需求,主要受经济发展状况的影响。一般来说,经济发达地区对体育产品的市场需求较大,经济欠发达地区的体育产品需求不大。对于个人而言也是如此。

3)时间和空间的一致性。体育企业生产体育产品的过程同时又是消费者购买消费体育产品的过程，在这一过程中，买卖双方、生产者和消费者融合在一起，呈现出时间与空间一致性的特点。作为体育产品的生产者而言，要认清这一特点，根据消费者的体育需求生产产品，以满足体育消费者的体育需求。

4)时间和季节上的差异性。一般来说，消费者的体育活动或者体育消费都是在余暇时间里进行的，在时间方面，这与体育产品的市场需求存在着一定的差异。通常情况下，体育消费者的消费活动主要表现为晚上大于白天，节假日大于平时。另外，某些特殊的体育消费也呈现出明显的季节性差异，如夏天对游泳运动的需求较大，冬天则对滑冰、滑雪的需求较大。天气好时，人们的体育需求会相应增加；天气不好时，人们的体育需求就会减少。因此，作为体育产业的经营管理者要充分认识到这一规律，从而制定良好的应对策略，提高体育产品的经济效益。

(3)体育要素市场的特点。体育要素市场主要包括以下几个方面并呈现出各自不同的特点。

1)体育资金市场，体育传媒、体育广告、体育赞助、各种体育无形资产等构成了体育资金市场，体育企业或体育产品生产者要遵循体育资金市场的发展规律和特点展开一切经营活动。

2)体育人才市场，指运动员和教练员的有偿流动市场，运动员与教练员共同构成了体育人才市场需求的主体。

3)体育技术市场，指体育技术商品的交换市场。其特点主要表现在：通常情况下，体育技术市场只属于卖方垄断市场，只有一个产品供给者，而拥有众多的产品需求者；成交的体育技术产品具有一次性特点；体育技术产品的价格并不是随意确定的，主要通过供需双方协商确定。

(三)体育消费

1. 体育消费的概念

体育消费是社会经济发展到一定程度的产物。发展到现在，体育消费已成为推动各行业发展的重要动力，对整个社会的经济、政治等方面都产生了重要的影响。

随着人们生活水平的不断提高，人们的体育需求日益增加，发展到现在，体育消费已成为人们生活消费的重要内容。一般来说，体育消费主要包括两个部分，一部分是体育运动队在日常运动训练中的体育物质资料的消耗以及体育行政管理部门的各种消费；另一部分是满足人们体育需求的居民个人消费。

体育消费的产生需要一定的过程，是社会生产力发展到一定阶段的产物，在新的时代背景下，人们应该对体育消费有一个新的认识。随着社会经济的发展以及人们生活水平的提高，人们拥有了更多的闲暇时间，这就为人们参与体育消费提供了必要的物质保障和时间保障，在业余时间很多人都倾向于参加体育消费，以丰富自己的精神文化生活，这极大地促进了体育产业的发展。

2. 体育消费的类型

以消费者所获得的体育消费品为依据，可以将体育消费划分为以下几种类型。

(1)观赏型。观赏型体育消费主要是人们通过观看体育比赛来达到愉悦身心的目的。这一类型在体育消费中占据着重要的地位，如世界杯、NBA、田径世锦赛等都属于这一类型。

(2)实物型。实物型体育消费是指人们用货币购买各种与体育活动有关的体育物质消费资料的行为。如购买运动装备、运动纪念品等都属于这一类型的消费。

(3)参与型。参与型体育消费是指人们用货币购买参加体育活动权力、享受相应服务的消费行为。如购买球票观看比赛就是其中的重要形式，这一类型属于体育消费的核心内容。

总体来看，不同类型的体育消费大都是交叉在一起的，没有一个明确的界限，人们的体育消费以上三种类型都会涉及，人们正是因为参与这些类型的体育消费，才丰富了自己的精神文化生活，同时也推动了体育产业的健康发展。

3. 体育消费的结构

体育消费结构能够在一定程度上反映人们的体育消费内容、体育消费水平以及体育消费质量。我们可以从以下两个方面来解读体育消费结构。

(1)以全社会或家庭为单位看，目前我国基本的体育消费结构主要体现在购买体育用品、体育装备、体育门票以及体育健身服务等方面。另外，体育实物消费要远远大于非实物体育消费。在体育消费水平方面，经济发达地区与欠发达地区之间的差距非常明显，经济发达地区人们的体育消费水平要远远高于欠发达地区。

(2)从消费群体的角度来看，体育消费结构主要包括大众消费者和商务消费者两个部分。二者有着一定的区别，大众体育消费者直接参与消费活动，而商务性消费则不直接参与消费过程。

4. 体育消费的特征

在体育产业市场中，体育消费是其中一个非常重要的环节，这一环节的特征主要体现在以下几个方面。

(1)体育特征。体育消费主要以消费者参与体育运动为中心，在这一过程中所产生的消费行为，其重点在于体育运动，离开了体育这一形式就无所谓体育消费了。

(2)经济学特征。通常来说，人们参加各种体育消费主要通过货币交换的形式。只有通过这一形式，体育消费者才能获得相应的体育产品或服务，从经济学角度而言，体育消费就具有重要的经济学特征。

(3)理性消费特征。对于成年人而言，人们参与体育消费并不是盲目的，而是有目的、有意识的，这就使得人们的体育消费行为具有理性消费的特征。

(4)文化特征。由于人与人之间在经济能力、个人爱好等方面存在不同，因此，在进行体育消费时也呈现出不同的消费观念和行为。消费者在进行体育消费时所表现出来的各种消费行为就是体育消费的特征。

第二节　体育产业的内容与划分

为了推动体育产业发展，科学界定体育产业的统计范围，建立体育产业统计调查制度，依据《中华人民共和国统计法》和《国务院关于加快发展体育产业促进体育消费的若干意见》(国发〔2014〕46号)，以《国民经济行业分类》(GB/T 4754—2011)为基础而制定的分类。

2015年8月27日，《国家体育产业统计分类》(表1-1)由国家统计局第12次常务会议通过，自2015年9月6日起实施。

表1-1　国家体育产业统计分类

代码			名称	说明	行业分类代码
大类	中类	小类			
01 体育管理活动	011	0110	公共体育事务管理活动	仅包括各级政府部门体育行政事务管理机构的活动	9124 *
	012	0120	体育社会组织管理活动	仅包括体育专业团体管理、体育行业团体管理和体育基金会等的管理和服务	9421 * 9422 * 9430 *

续表

<table>
<tr><th colspan="3">代码</th><th rowspan="2">名称</th><th rowspan="2">说明</th><th rowspan="2">行业分类代码</th></tr>
<tr><th>大类</th><th>中类</th><th>小类</th></tr>
<tr><td>01
体育管理活动</td><td>013</td><td>0130</td><td>其他体育管理活动</td><td>仅包括体育战略规划、竞技体育、全民健身、体育产业、反兴奋剂、体育器材装备及其他未列明的保障性体育管理和服务</td><td>8890 * *</td></tr>
<tr><td rowspan="2">02
体育竞赛表演活动</td><td>021</td><td>0210</td><td>职业体育竞赛表演活动</td><td>仅包括商业化、市场化的职业体育赛事活动的组织、宣传、训练，以及职业俱乐部和运动员展示、交流等活动</td><td>8810 * *
7219 *
8710 *</td></tr>
<tr><td>022</td><td>0220</td><td>非职业体育竞赛表演活动</td><td>仅包括公益性质的非职业或业余体育赛事活动的组织、宣传、训练、展示、交流等活动</td><td>8810 * *</td></tr>
<tr><td rowspan="5">03
体育健身休闲活动</td><td>031</td><td>0310</td><td>休闲健身活动</td><td></td><td>8830</td></tr>
<tr><td>032</td><td></td><td>体育文化活动</td><td></td><td></td></tr>
<tr><td>0321</td><td></td><td>群众体育文化活动</td><td>仅包括由城乡群众参与的社区、乡村(含全民健身活动站点、文体活动站，以及老年、少儿体育活动中心等)体育文化展演、交流等公益性群众体育文化活动</td><td>8770 *</td></tr>
<tr><td>0322</td><td></td><td>民族民间体育活动</td><td>仅包括区域特色、民族民间体育(含少数民族特色体育)的保护和活动组织</td><td>8740 *</td></tr>
<tr><td>033</td><td>0330</td><td>其他休闲健身活动</td><td>仅包括体育电子游艺活动，网络(手机)体育游艺、展演以及电子竞技等体育娱乐活动</td><td>8912 *
8790 *</td></tr>
</table>

续表

代码			名称	说明	行业分类代码
大类	中类	小类			
04 体育场馆服务	041	0410	体育场馆		8820
	042	0420	其他体育场地	仅包括社区、公园、健身步道、多功能城市广场等运动场所的管理服务	8890 ** 7810 * 7851 *
05 体育中介服务	051		体育经纪与广告活动		
		0511	体育经纪人		8942
		0512	体育广告服务	仅包括体育广告制作、发布、代理等活动	7240 *
	052	0520	体育活动的策划服务	仅包括运动会及其他体育赛事策划组织,群众体育活动策划组织,以及体育赛事票务服务	7299 *
	053	0530	其他相关体育中介服务	仅包括各类体育赞助活动、体育招商活动、体育文化活动推广,以及其他体育音像、动漫、影视代理等服务	8890 * * 8949 *
06 体育培训与教育	061		体育培训		
		0611	体校及体育培训		8292
		0612	其他体育培训	仅包括各种体育培训机构、专项运动俱乐部的体育技能培训(武术、棋类、赛车、气功、航空等),青少年、少儿体育培训,体育经营管理、创意设计、科研、中介等体育专门人才培训	8291 * 8299 *
	062	0620	体育教育	仅包括高等院校、中等职业学校的体育专业教育	8241 * 8236 *

续表

代码			名称	说明	行业分类代码
大类	中类	小类			
07 体育传媒与信息服务	071	0710	体育出版物出版服务	仅包括体育书籍、期刊、报纸、音像、电子出版物、互联网出版服务	8521 * 8522 * 8523 * 8524 * 8525 * 8529 *
	072	0720	体育影视及其他传媒服务	仅包括体育广播电视节目的制作与播出，体育电影的摄制与放映，体育录音录像等音视频内容制作，体育新闻的专业活动，以及体育摄影服务	7492 * 8510 * 8610 * 8620 * 8630 *
	073	0730	互联网体育服务	仅包括互联网体育信息采集、传输、存储、分析、处理与传播等服务，体育网络平台服务，体育动漫游戏及电子竞技服务，体育APP应用，互联网与体育其他业态的融合发展服务	6420 * 6540 *
	074	0740	其他体育信息服务	仅包括非互联网体育信息(含文字、视频、数据等形式)内容加工服务，体育健身、竞赛、管理、市场调查与体育经济等咨询服务，体育应用软件(含专业分析、电子竞技、动漫游戏等)开发与经营等信息技术服务	6510 * 6591 * 7233 * 7232 *
08 其他与体育相关服务	081	0810	体育旅游活动	仅包括观赏性体育旅游活动(如观赏体育赛事、体育节、体育表演等内容的旅游活动)；体验性体育旅游活动(如参与滑雪、帆船、帆板、漂流、马拉松等运动的旅游活动)；景区体育旅游活动(如户外宿营、徒步骑行、汽车露营等形式的旅游活动)	7271 * 6190 * 7852 * 5531 *

续表

代码			名称	说明	行业分类代码
大类	中类	小类			
08 其他与体育相关服务	082	0820	体育健康服务	仅包括国民体质监测与康体服务、科学健身调理服务、社会体育指导员服务，体育运动医学和创伤医院、体育康复疗养场所服务，中医运动康复医疗服务	8890 * * 8315 * 8316 * 8312 *
	083	0830	体育彩票服务	仅包括体育彩票管理、发行、分销等服务	8930 *
	084	0840	体育会展服务	仅包括体育用品、体育旅游、体育文化等各类体育博览、展览或展会以及体育博物馆等服务	7292 * 8750 *
	085	0850	体育金融与资产管理服务	仅包括体育基金（含体育产业投资基金）管理服务、体育保险服务，体育投资与资产管理、产权交易服务	6713 * 6740 * 6812 * 7212 *
	086	0860	体育科技与知识产权服务	仅包括体育人文社会科学、运动医学、体育工程等研究与技术服务，体育知识产权相关服务（如体育著作权、体育无形资产评估等服务）	7350 * 7340 * 7250 *
	087	0870	其他未列明与体育相关服务	仅包括体育设施工程管理与勘察设计服务，专业化体育用品、服装、动漫及衍生产品的设计活动，体育场所清洁服务	7481 * 7482 * 7491 * 8111 * 8119 *
09 体育用品及相关产品制造	091		体育用品制造		
		0911	球类制造		2441
		0912	体育器材及配件制造		2442
		0913	训练健身器材制造		2443

续表

<table>
<tr><th colspan="3">代码</th><th rowspan="2">名称</th><th rowspan="2">说明</th><th rowspan="2">行业分类代码</th></tr>
<tr><th>大类</th><th>中类</th><th>小类</th></tr>
<tr><td rowspan="8">09
体育用品及相关产品制造</td><td></td><td>0914</td><td>运动防护用具制造</td><td></td><td>2444</td></tr>
<tr><td></td><td>0915</td><td>其他体育用品制造</td><td></td><td>2449</td></tr>
<tr><td>092</td><td>0920</td><td>运动车、船、航空器等设备制造</td><td>仅包括运动船艇制造，运动航空器制造，运动休闲车及配件制造（含越野车、运动跑车、赛车、高尔夫球车、休闲雪地车、沙滩车、滑板车、卡丁车等），潜水设备制造</td><td>3733 *
3749 *
3761 *
3770 *
3620 *
3650 *
3791 *</td></tr>
<tr><td>093</td><td>0930</td><td>特殊体育器械及配件制造</td><td>仅包括武术器械和用品，运动用枪械、运动枪械用弹，可穿戴运动监测装备，体育场馆用显示屏、计时记分系统等设备制造；卡丁车场、赛车场（含汽车和摩托车）等用显示器、计时记分设备，以及飞行用风向标、测风仪制造；无线电测向、导航、定向用电子打卡计时设备及运动轨迹实时监控系统等制造</td><td>3329 *
3399 *
4030 *
3891 *
4022 *
4023 *</td></tr>
<tr><td>094</td><td></td><td>体育服装鞋帽制造</td><td></td><td></td></tr>
<tr><td></td><td>0941</td><td>运动服装制造</td><td>仅包括田径服、球类运动服、水上运动服（含泳装）、举重服、摔跤服、体操服、体育舞蹈服、击剑服、赛车服、航空运动服、登山和户外运动服、冰雪运动服、领奖服、体育礼服等服装及其相关服饰制造</td><td>1810 *
1820 *
1830 *</td></tr>
<tr><td></td><td>0942</td><td>运动鞋帽制造</td><td>仅包括纺织面运动鞋、运动皮鞋、运动用布面胶鞋、运动用塑料鞋靴及其他运动鞋制造，运动帽、游泳帽制造</td><td>1951 *
1952 *
1953 *
1954 *
2929 *</td></tr>
</table>

续表

代码			名称	说明	行业分类代码
大类	中类	小类			
09 体育用品及相关产品制造	095	0950	体育游艺娱乐用品设备制造	仅包括台球器材及配件、沙狐球桌及其配套器材、桌式足球器材及配件、棋类娱乐用品、牌类娱乐用品、专供游戏用家具式桌子制造，带动力装置仿真运动模型及其附件制造，保龄球设备及器材制造	2462 * 2450 *
	096	0960	其他体育用品及相关产品制造	仅包括运动饮料、运动营养品生产，按摩器材、户外帐篷制造，人造运动草坪、运动地板、运动地胶、体育场馆看台座椅、移动游泳池等制造	3856 * 1529 * 1784 * 2140 * 1491 * 1492 * 2033 * 2437 * 2919 *
10 体育用品及相关产品销售、贸易代理与出租	101		体育及相关产品销售		
		1011	体育用品销售		5142 5242
		1012	运动服装销售	仅包括运动服装批发和运动及休闲服装专门销售服务	5132 * 5232 *
		1013	运动鞋帽销售	仅包括运动鞋帽批发、零售服务	5133 * 5233 *
		1014	运动饮料营养品销售	仅包括运动饮料、营养品批发、零售服务	5126 * 5127 * 5225 * 5226 *

续表

代码			名称	说明	行业分类代码
大类	中类	小类			
10 体育用品及相关产品销售、贸易代理与出租		1015	体育出版物销售	仅包括体育书籍、期刊、报纸、音像、电子出版物销售服务	5143 * 5144 * 5145 * 5243 * 5244 *
		1016	其他体育用品及相关产品销售	仅包括人造运动草坪、运动地板、运动地胶等运动地面设施销售服务，台球、飞镖、沙狐球以及游艺娱乐用品等其他体育用品批发和零售服务	5169 * 5165 * 5286 * 5149 * 5249 *
		1017	体育用品及相关产品综合销售	仅包括百货、超市销售的体育及相关产品零售服务	5211 * 5212 *
		1018	体育用品及相关产品互联网销售	仅包括体育用品及相关产品的互联网零售服务，体育电子商务服务	5294 *
	102	1020	体育设备出租	仅包括其他体育设备及器材出租服务	7121 *
	103	1030	体育用品及相关产品贸易代理	仅包括体育用品及相关产品贸易经纪与代理活动	5189 * 5181 *
11 体育场地设施建设	111	1110	室内体育场地设施建设	仅包括体育馆工程服务、体育及休闲健身用房屋建设活动，室内运动地面(如足球场、篮球场、网球场等)以及室内滑冰、游泳设施(含可拼装设施)的安装施工活动	4700 * 5010 *
	112	1120	室外体育场地设施建设	仅包括室外田径场、篮球场、足球场、网球场、高尔夫球场、跑马场、赛车场、卡丁车赛场以及室外全民体育健身工程(含健身路径、健身步道等)设施等室外场地设施的工程施工活动	

第三节 体育产业的属性与特征

一、体育产业的属性

对于我国而言，体育产业属于一项朝阳产业，研究体育产业的属性对于人们更好地认识与理解体育产业具有重要的意义。

（一）经济属性

大量事实表明，体育产业具有重要的推动经济发展的价值。因此，经济属性就是其一个非常重要的属性。对于体育企业而言，它们可以为消费者提供一些产品和服务，通过体育消费者的参与和消费，体育企业能获得极大的经济利益。另外，当今社会各种体育竞赛表演活动的举办，各项体育赛事的举行，都能形成一定的体育市场，这些都充分彰显出体育产业的经济属性。

（二）交叉融合属性

体育产业有着深厚的内涵，内容也非常丰富，既涵盖第二产业（体育用品制造业），也涵盖第三产业（体育竞赛表演业，体育休闲健身服务业等）。除此之外，体育产业还可以与其他产业相融合获得发展，如体育旅游产业等，这些都显示出体育产业的交叉融合属性。

（三）绿色健康属性

体育产业作为一项新型的朝阳产业，具有一定的绿色健康的属性。众所周知，人们参加体育健身，走进球场欣赏比赛等都能获得身心愉悦的享受，在这一过程中，不会产生任何污染，这使得体育产业成为一项绿色健康的产业，是值得大力推广与发展的产业。

二、体育产业的特征

对于世界体育产业和我国体育产业而言，二者都表现出明显的特征，也存在着一定的差别，下面就一一阐述。

(一)世界体育产业的特征

1. 商业化程度较高

当前,体育产业已渗透社会各个部门、各个行业之中,成为商业化程度较高的产业部门。以美国 NBA 职业篮球联赛和英超足球联赛为例,他们都通过多年来的积累,体育赛事市场运作与管理日益规范、经济效益非常明显、拥有全世界众多的粉丝,这使其成为商业化程度较高的体育产业部门。

2. 影响力比较广泛

随着现代社会的不断发展,高科技在给人们带来实惠和便利的同时,也带来了一系列社会文明病,在这种情况下,追求健康就成为人们的重要目标。而通过参与体育运动锻炼或体育赛事欣赏,人们都能从中体验到健康和乐趣,世界体育人口的数量也因此越来越多。这就为体育产业的发展奠定了必要的人口基础。另外,大量的高水平体育赛事也吸引着众多公司前来赞助和合作,由此可见,体育产业本身的影响力比较广泛。

3. 有着较高的产业产值

随着人们生活水平的不断提高,人们的体育需求也越来越旺盛,在这种情况下,全世界的体育产业产值也在不断提高。体育产业消耗能源少,环境污染少,符合现代社会经济发展的要求,因此能获得可持续发展。

4. 从业人数较多

体育产业在全球的影响力越来越大,大量的体育赛事、体育消费人群等在很大程度上解决了就业难的问题,由此可见,体育产业具有促进就业的重要特征。

随着全球一体化的发展,体育产业的国际化程度必将越来越高,这对于扩大内需,吸纳就业具有重要的作用,体育产业在国民经济中的地位也越来越重要。

(二)我国体育产业的特征

我国是一个社会主义国家,在我国社会主义市场经济体制下,体育产业也呈现出自身鲜明的特色,这主要体现在以下三个方面。

1. 属性和特点的差异性

在我国,体育事业更加注重社会效益,其发展的主要目的在于满足人民群众的精神需要。而体育产业则注重获得经济效益,追求利润的最大化是其主要目标。

2. 资金来源方面的差异性

在体育产业或体育事业的资金来源方面,二者存在着一定的差异性。对于体育事业单位而言,其所需的资金主要由国家财政拨款,而体育企业则主要通过自筹或银行贷款的形式获得资金投入。

3. 经济性质方面的差异性

我国的体育事业单位在运行时主要依靠行政指令,不以盈利为目的,而是以福利、公益和社会效益为主。

体育产业经济的性质是商品经济,它主要通过市场经济杠杆来运行,其发展遵循市场经济的发展规律,比较注重社会效益与经济效益,而追求经济效益则是其发展的主要目的。

第四节　体育产业的起源与发展概况

一、体育产业的起源

要研究体育产业的起源,首先就要研究体育产业观念的形成。19 世纪以及 20 世纪初期的技术革命极大地提高了社会生产力,是划时代的产业革命。随着科学技术的飞速发展,社会分工以及产业的划分更加明显,也有了一个更加明确的标准。在产业部门中,随着新的产业部门的出现,是极大地改变了旧有的产业结构,促使人们的产业观念也发生了极大的转变。当代产业的含义已不仅仅是指工业活动,而是得到了极大的扩充,在现代社会,从部门到行业,从生产到流通、服务,以至于文化教育、体育等都可称为“产业”。由此可见,现代产业的概念是随着社会经济的不断发展而发展的。

体育不仅仅是一种运动,更是人类文明的重要组成部分。经过长期的发展,体育已建立了一个相对健全和完备的产业体系,在人类文明中发挥着越来越重要的作用。体育产业这一概念正是在整个社会不断发展的过程中逐渐确立和形成的。

当前,我国的体育产业还处于一个初级阶段,但发展潜力巨大。近年来,我国逐步加大了体育产业的投入力度,也加强了体育产业的宣传与推广力度,帮助人们更加深刻地理解体育产业的重要内涵与价值。发展至今,体育已不仅仅是一种运动,而是成为一种社会文化现象,在人们日常生活中扮演着越来越重要的角色,成为人们重要的生活方式。目前,世界上很多国家都将体育当作一种产业来看待,体育产业所创造的经济价值也越来越大,成为国民经济的重要组成部分。

二、国外体育产业的发展

在两次世界大战期间,西方各国的经济发展受到较大的影响,在这一时期,体育产业并未获得快速的发展,总体来看,这一时期体育产业还基本处于发展的初级阶段。

第二次世界大战结束后,西方国家的经济逐渐得到恢复,伴随着工业革命的进行,社会经济发展极为迅速,人们的生活水平得到极大的改善和提高,在这种背景下,体育市场需求日益增长,体育产业开始获得快速发展。20 世纪 90 年代后,资本主义市场经济地位确立,经济发展速度非常快,很多国家进行了产业结构调整,体育产业以其自身鲜明的特点与突出的价值受到极大的关注,因而得到了迅速的发展,至今,体育产业已成为许多西方发达国家的国民经济支柱产业。总体来看,西方发达国家的体育产业主要呈现出以下特征。

(1)体育产业在国民经济中的地位越来越突出。发展至今,美国体育产业产值占到 GDP 的 3%以上,成为美国的十大产业之一,为美国国民经济的发展作出了突出的贡献。这充分表明体育产业已成为西方发达国家经济的重要组成部分,在一定程度上决定着国民经济的发展命脉。

(2)在全球一体化发展背景下,体育产业也呈现出一体化发展的趋势。在体育用品业,耐克、阿迪达斯等运动用品公司的业务覆盖全球各个国家,影响力越来越大;在竞赛表演业,欧洲五大足球联赛、美国的 NBA 在全世界都有着大量的忠诚的球迷,观看这些赛事的人数众多。由此可见,体育产业全球一体化的趋势十分明显。

(3)随着全球一体化的不断发展,体育产业与资本市场的联系越发密切。一方面,经过长期的发展,一些体育产业部门或体育企业积累了雄厚的资金,大量的体育企业陆续上市;另一方面,金融机构逐渐渗透到体育产业，推动着体育产业不断向前发展。

三、我国体育产业的发展

改革开放以来，我国国民经济取得了飞速的发展，在社会主义市场经济体制下，体育产业的发展也迎来了一个美好的明天。受旧有的举国体制的影响，体育产业的发展受到诸多的限制，这就要求我们顺应时代发展的潮流，不断加快体制调整与机制转换，建立一个与体育产业发展相符的，可供其健康发展的运行机制，这样才能满足人们日益增长的体育需求。为加强我国体育体制的改革，我国体育产业工作者和研究者经过反复的研究，提出了一系列改革方案，这有助于我国体育产业的快速发展。

为帮助人们更好地认识与了解我国体育产业的发展历程，特将我国体育产业分为以下几个重要节点。在每一个阶段，我国体育产业都呈现出独特而鲜明的特点。

（一）统一认识阶段

1979—1983 年属于我国体育产业发展的统一认识阶段。这一阶段是我国改革开放的初期，我国刚刚完成社会转型，人们的思维还难以完全跟上时代发展的形势，需要一定时间才能适应。在这一阶段，体育管理部门结合我国具体的发展形势，曾经允许使用相关体育资源进行有偿经营活动，但这是微不足道的。那时人们还没有解决温饱问题，人们的体育健身不足，体育消费还是一个新鲜的事物。受传统思想观念的影响，人们认为体育部门利用体育资源开展盈利性活动是不对的，这极大地削弱了体育产业部门及体育企业发展的积极性，但是随着社会主义计划商品经济理论的提出，体育界逐步统一了体育产业发展的认识。这为日后体育产业的发展奠定了必要的思想基础。

（二）实践与探索阶段

1984—1991 年为我国体育产业发展的实践与探索阶段。这一阶段，我国体育管理部门高度重视体育场地与场馆设施的建设，在体育场馆建设方面加大了资金投入，利用体育场馆、设施等获得的盈利性创收越来越多。与此同时，一些国外的休闲体育项目也被逐渐引入到我国，如台球、保龄球、高尔夫等，这极大地刺激了我国体育产业的发展。但需要注意的是，这一时期我国的体育经营创收仅仅停留在“多种经营，以副养体”“体育搭台、经贸唱戏”的层面。表明这一阶段我国体育产业部门开展的各项经济活动所取得的收入大都归体育资源所有方所有，而不是当前的纯经济性行为的体育产业活动。

（三）初步发展阶段

我国社会主义市场经济体制确立后，体育产业获得了一个良好的发展契机，对于我国体育产业而言，是机遇也是挑战。在这种背景下，我国各级体育管理部门开始挖掘体育自身的经济价值，向社会提供各种体育服务，体育服务业在这一阶段开始获得较为迅速的发展。另外，以足球、篮球、排球、乒乓球等为代表的球类运动开始探索职业化道路，这极大地推动了我国体育产业的发展，在这些产业的带动下，体育传媒业、体育彩票业、体育广告业等也获得了迅速发展。

在我国体育产业的初步发展阶段，增长态势非常明显，但与西方发达国家相比仍然存在着较大的差距，由于我国体育产业的发展时间较晚，要追上西方发达国家还需要一段较长的时间。

（四）快速发展阶段

2008 年北京奥运会后，我国体育产业进入了一个快速发展的阶段。在这一阶段，我国政府部门加强了体育市场的立法工作，建立了体育市场标准化管理体制，为我国体育产业的发展创造了一个良好的制度环境；体育健身休闲业、体育竞赛表演业、体育用品业等核心产业得到了迅速发展，以此为主建立了一个相对完善的体育市场体系。另外，我国一些体育企业走出国门，加大了与国际著名体育企业的合作与交流，促进了我国体育产业的全球化发展，如“大师杯”网球赛、国际田径“黄金大奖赛”等在世界上的影响力越来越大。当前，我国体育产业进入一个快速发展阶段，拥有良好的发展前景。

第二章　体育产业创新机制与发展探索

在现代社会背景下，体育产业的竞争越来越激烈，而要想在激烈的竞争中占据一席之地，就要在稳定发展的基础上重视产业的创新。建立一个体育产业发展的创新机制，对于体育产业本身的可持续健康发展具有深远的影响和意义。本章在调查与分析体育产业发展现状的基础上研究体育产业发展的创新机制，并找出促进我国体育产业创新发展的思路与对策。

第一节　体育产业发展现状与存在的问题

近年来，我国竞技体育运动获得了快速发展，已迈入体育大国行列，在世界上的影响力逐步加大。在这种背景下，我国的体育产业也获得了相应的发展，但总体来看，体育产业水平与体育项目本身的竞技水平相比还有着不小的差距，体育产业在发展的过程中也出现了不少的问题。因此，我们要深刻认识到这一点，找出我国体育产业发展的不足，采取必要的措施和手段加以解决。

一、我国体育产业发展的现状

（一）我国体育产业发展的整体规模

据调查统计，2016年我国体育产业总规模达1.9万亿元，较2015年增长11.1%；产业增加值6475亿元，增长17.8%，产业增加值占同期GDP的比重达0.9%。总体来看，体育用品和相关产品制造的总产出和增加值最大，分别为11962.1亿元和2863.9亿元，占体育产业总产出和增加值的比重分别为62.9%和44.2%。

对于体育服务业而言，相关数据表明，其总产出为6827亿元，占体育产业总产出的比重为35.9%，与2015年相比增加值为3560.7亿元，占体育产业增加值的比重从2015年的49.2%提高到55%。

对于体育健身休闲产业而言，总产出和增加值增速均超过30%，竞赛表演业总产出增长24.52%，体育产业机构数量年增长率达21.7%，从业人数达440余万人，消费规模接近万亿。

大量的数据统计表明，发展至今，我国体育产业已初步形成了以竞赛表演和健身休闲为驱动，体育用品业为保障，体育场馆、体育培训、体育中介、体育传媒等行业发展的整体格局，这些体育产业的发展速度非常快，甚至超过了近年来我国的经济增速，其发展前景非常广阔，成为国民经济新的增长点。因此，我们要加大体育产业的投入力度，促进其更加健康、快速的发展，这对于我国国民经济乃至整个社会的发展都具有重要的影响和意义。

（二）我国体育产业的结构发展现状

据统计发现，目前体育用品占我国整个体育产业的80%，是我国产业发展的主要支撑，而处于产业核心层的体育服务业占比却不到20%。导致这一现状的主要原因在于我国体育产业市场化程度太低，没有形成一个完善的监管机制，国内职业体育发展还很不成熟，在社会上的影响力也较小。众所周知，体育服务业的健康发展需要建立在具有一定影响力的赛事基础上，如果没有大型的体育赛事做支撑，体育服务业就难以获得理想的发展。以中超为例，虽然近年来我国各中超俱乐部通过加大投入吸引了大量高水平的运动员，但是总体来看，影响力还是比较有限的，在观众覆盖率、观众忠诚度、观众消费能力等方面与国外足球发达国家的足球联赛相比仍存在着较大的差距。由此可见，提升体育赛事的影响力、打造名牌体育赛事就成为推动我国体育服务业发展的重要手段。以美国为例，美国的体育服务业占体育产业的57%，这与其拥有众多的体育品牌赛事是分不开的。因此，在未来的体育产业发展中，我们要加大体育产业的投入力度，调整体育产业结构，力争打造具有世界影响力的体育赛事。

（三）我国居民体育消费水平现状

伴随着我国综合国力的提升，人们的生活水平上升了一个大的台阶，在这种背景下，人们参与体育消费的能力越来越高，体育消费占日常生活消费的比重也呈逐渐加大趋势。但是与发达国家相比，我国居民的体育消费水平还不是很高，这也说明具有较大的提升空间。据调查，2013年美国的人均体育消费为620美元，是中国同期数据的六倍之多，而发展到2017年美国的人均体育消费已超过1000美元。由此可见，我国居民的体育消费还处于一个较低的水平。总体来看，导致我国居民体育消费水平不高的原因主要有居民体育消费意识不强、体育产品的开发与推广比较欠缺、体育赛事量少质低等,需要今后大力发展。

我国与世界发达国家的体育消费水平对比情况如图 2-1 所示。

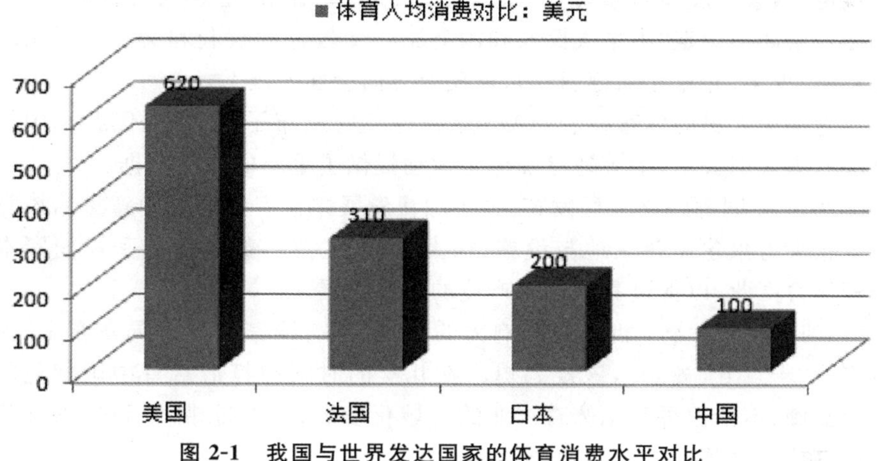

图 2-1 我国与世界发达国家的体育消费水平对比

(四)我国体育场馆建设情况

据第六次全国体育场地普查数据公报显示,截至 2013 年 12 月 31 日,全国共有体育场地 169.46 万个,用地面积 39.82 亿平方米,建筑面积 2.59 亿平方米,场地面积 19.92 亿平方米。其中,室内体育场地 16.91 万个,场地面积 0.62 亿平方米;室外体育场地 152.55 万个,场地面积 19.30 亿平方米。

以 2013 年末全国大陆总人口 13.61 亿人计算,平均每万人拥有体育场地 12.45 个,人均体育场地面积 1.46 平方米。不论是体育场地的总体数量,还是人均体育场地面积,我国与发达国家相比都存在着不小的差距,体育场地与场馆建设的不利直接影响和制约了我国居民体育运动的参与,对于我国体育产业的发展是非常不利的。因此,我国政府及体育部门在今后要根据我国的具体实际加大体育场馆的建设力度,力争建设一大批高质量的体育场地或场馆,为人们参加体育运动提供良好的物质保障。

(五)我国体育产业相关法律的立法

很长一段时间以来,我国体育事业的开展主要由政府主导,各项活动的举办都是在政府的领导下进行的。但随着竞技体育的不断发展,目前我国政府体育行政部门正逐步改变旧有的完全由政府主导的形式,对社会企事业单位、社会团体以及个人兴办体育给予了高度重视,这极大地完善了我国体育事业发展的形式,对于我国体育事业的长远发展是比较有利的。为保证体育事业的健康发展,我国政府一直就比较注重体育产业的立法工作。

《宪法》中规定了我国人民群众享有参与体育事业的权利，如第二十一条规定“国家发展体育事业，开展群众性的体育活动，增强人民体质”。第四十六条详细规定“中华人民共和国公民有受教育的权利和义务。国家培养青年、少年、儿童在品德、智力、体质等方面全面发展”。

为保证人民的体育权利，1995 年我国政府颁布了《中华人民共和国体育法》，为人们公平、平等地参加体育运动提供了重要的法律依据。

2010 年国务院办公厅发布《关于加快发展体育产业的指导意见》，该意见主张大力兴建体育场地与设施，加大投融资力度，鼓励境外和民间资本投资体育产业，以促进我国体育产业的快速发展。

2011 年为培养一批具有影响力的体育企业，国家体育总局发布了《体育产业“十二五”规划》，该规划提出在几年的时间内打造富有中国特色的体育品牌，不断促进我国体育产业的区域化发展，以先进带动后进，增强我国体育优势品牌在世界上的影响力。

2014 年国务院、体育总局等陆续发布一系列政策或文件，如《国务院关于加快发展体育产业促进体育消费的若干意见》《关于推进体育赛事审批制度改革的若干意见》等，这些政策和文件的发布，指明了我国体育产业存在的问题及发展方向，为我国体育产业的健康持续发展提供了良好的制度保障。

2015 年国家统计局制定了《国家体育产业统计分类》文件，对我国体育产业进行了重新分类，该分类将体育产业划分为 11 个大类、37 个中类、52 个小类。这一分类方法是目前我国关于体育产业分类最为权威的划分标准，这一标准的制定是符合体育产业发展现状的，对于我国体育产业的规范化和标准化发展具有重要的意义。

综上所述，近年来我国政府相关部门颁布了一系列有利于体育产业发展的政策与文件，这为我国体育产业的发展提供了良好的制度保障，同时也保证了人们参与体育消费的权利，对于我国体育事业的发展具有极大的推动作用。

(六)体育产业的开发领域不断拓展

体育产业中的很多资源都属于无形资产，在体育产业迅速发展的今天，这些无形资产因其具有成本低、收益高的特点开始显现出巨大的发展潜力，因此，也成为体育产业领域需要开拓与发展的重要组成部分。

体育无形资产是不具有实物形态的，但是经过长时期的发展，它会形成一定的品牌效应，而品牌效应则能创造难以想象的经济价值。由此可见，不断拓展体育产业领域，树立体育品牌对于体育产业的发展具有重要的意义。近年来，我国加强了体育无形资产的开发力度，主要有以下几个方面。

(1)重大体育比赛冠名权的开发。

(2)体育赛事电视转播权的出售。

(3)体育比赛标志、体育专利等方面的经营。

(4)运动员肖像权、体育投资活动、体育广告活动等。

(七)体育产业成为促进消费的新生力量

随着竞技体育的高度发展，体育产业也逐渐成为一个国家国民经济的重要部分，其生产总值占国民生产总值的比例越来越大，影响力也覆盖社会各个层面。发展至今，可以说体育产业已成为推动居民消费、扩大内需的重要力量。

随着社会经济的不断发展，人们的生活水平得到了极大的提高，在温饱问题解决后，人们开始注重生活质量的提高，在这种形势下，体育以其独特的特点和优势深深吸引着热爱健康和运动的人们，人们的体育消费观念得到了扭转，体育消费意识不断增强，体育运动已成为人们重要的生活方式。

当前，我国体育人口呈不断增加趋势。在居民生活水平日益改善和提高的背景下，人们的体育消费水平也逐渐提高，这极大地促进了体育消费市场的繁荣与发展。

随着社会的快速发展，良好的国内环境为我国体育产业的发展提供了优质的环境，国家也加强了体育基础设施的建设，为人们参与体育活动提供了极大的便利。另外，我国政府部门也相继颁布了大量关于体育事业、体育产业等方面的政策与文件，为人们参与体育活动提供了重要的制度保障。在这种形势下，体育产业拥有了广阔的发展前景。

进入21世纪后，世界各国、各地区之间的联系日益密切，全球一体化的趋势更加明显，我国体育产业只有不断加强与世界各国之间的沟通与交流，提高体育产业的知识含量，调整体育产业结构，才能在竞争激烈的环境下获得健康、持续的发展。

二、我国体育产业发展中存在的问题

(一)市场法规不健全，经营管理不善

与国外不同，我国体育产业的发展整体上来看属于一种实践先行、理

论跟进的模式。这一模式既有优点又有缺点，优点是理论的确定有实践作为基础，从而能够获得最大限度地认可；而缺点是整个实践过程缺少理论方面的指导，容易出现极端情况或者朝着不同的方向发展，导致体育产业违背了发展的初衷。我国体育产业除了在法律法规管理方面存在问题外，一部分体育产业部门或单位也缺乏长期的发展规划，经营管理手段比较欠缺，运作起来举步维艰，这非常不利于体育产业的健康发展。

（二）体育产业发展不平衡

当前，我国体育产业存在着发展不平衡的问题，发展不平衡主要包括体育产业内部不平衡和不同区域体育产业发展的不平衡两个方面。

在体育产业内部发展这一方面，主要是体育产业组成部分之间发展的不平衡，如体育用品业、体育培训业、体育彩票业等之间的发展程度存在着较大的差距。而如何弥补各部分之间的差距就成为体育产业发展的重中之重。

在不同地域体育产业发展方面，主要表现在经济发达地区与欠发达地区发展的不平衡。一般来说，经济欠发达地区的体育产业发展程度要远远落后于经济发达地区。而在全球一体化、区域一体化背景下，各地区体育产业的发展并不是孤立的，体育产业的健康发展必须要各地区共同发展，因此，如何促进我国各地区体育产业的共同发展，缩小各地区之间的差距就成为重要的研究课题和发展重点。

（三）产权关系不明，资产管理不利

当前，我国体育产业管理部门的管理体制还很不完善，存在着一定的问题，突出表现在产权关系不明、资产管理不利等方面。以职业俱乐部为例，由多支职业俱乐部组成的联赛，其主体为俱乐部，因此，联赛的管理权就属于所有的俱乐部共同所有，体育管理部门只在其中扮演服务角色，不涉及俱乐部经营与管理等方面的工作。但实际上，我国体育管理部门并没有完全脱离以往的管理行为，对俱乐部的管理工作干预较大。造成这一局面的原因与体育管理部门的经济利益是分不开的，因为一旦管理部门失去了对赛事的管理权，就失去了极大的经济效益，这是其不愿看到的。

（四）体育市场发育不完备，主体产业所占份额小

随着我国竞技体育的飞速发展，我国的体育产业也迎来了一个快速上升期。但总体来看，体育产业所占的比重与发达国家相比仍然存在着不小的差距。我国的体育市场发育还很不完善，体育用品业、竞赛表演业、健身

休闲业等是目前我国体育产业发展较好的几个方面，具有较大的发展潜力，但除此之外，其他体育产业的发展就显得举步维艰，处于落后的局面。

（五）体育产业质量有待于进一步提高

目前来看，我国大部分的体育企业规模普遍较小，缺少自己的优势品牌，市场竞争力非常薄弱。尽管近些年来我国陆续出现了一些发展较好的体育企业，如特步、李宁等，这些企业规模逐渐加大，经营业务甚至延伸到国外，知名度大大提高，但总体来看仍然掩盖不了我国体育产业质量低下，体育企业发展不足这一缺陷。因此，在未来的发展中必须要在政策、经济等方面给予我国体育企业大力的支持，促进其快速发展。

（六）缺乏专门的体育产业经营管理人才

体育产业本身是一种专业性较强的事业，很多工作都需要专业人士才能完成。因此，人才对于体育产业的发展具有重要的作用。在这种情况下，我国体育产业要想获得健康的发展就必须要注重体育产业经营管理人才的培养。作为一名出色的体育产业经营管理人才，必须要具备丰富的体育产业理论知识，要经过一系列的专业考核获得从业资格证书，除此之外，还要具有从事体育产业的工作经验。由此可见，这对体育产业经营管理人才的培养提出了很高的要求。目前，在我国体育产业经营者与管理者中有很多是退役运动员和教练员，他们普遍缺乏经营管理方面的知识，专业性比较欠缺，难以找到体育和市场的最佳结合点，这对于我国体育产业的发展是非常不利的。因此，加强体育产业经营管理人才的挖掘与培养就成为当前的重要任务。

第二节　体育产业的创新驱动机制

党的十八大报告中明确提出了我国要实施创新驱动发展的战略，在当前我国体育产业发展的背景下，要不断加快体育产业的创新发展，这是实施创新驱动战略、深化我国体育体制改革的重要机遇。当前，我国体育产业有了一定的发展规模，但是与国外发达国家相比，其实力还比较欠缺，我们要逐步改变体育产业的低端发展模式，创新发展机制，高度重视体育产业的科技创新、观念创新、制度创新和服务创新，从而促进我国体育产业的创新发展。

一、科技创新

(一)科技创新是体育产业发展的核心动力

在21世纪的今天,科学技术在社会各个领域发挥了重要的作用,在这种背景下,科技创新也成为推动体育产业快速发展的重要动力源。因此,在体育产业的未来发展中,我们要依托科技创新不断提升体育产业的竞争力,促进体育产业的健康、持续发展。

(二)科技创新增强体育产业发展的竞争力

对于任何一个产业部门而言,科技创新都是其保存活力获得进一步发展的重要源泉,体育企业要想获得更好的生存与发展,就要把握市场发展的脉搏,不断开发出市场需求的产品,建立市场竞争优势。对于体育企业而言,研发设计能力、科技创新能力在很大程度上决定着其发展前景。因此,只有加强科技创新,才能创造出新的符合人们体育消费观念的产品,才能增强体育品牌的竞争力。

(三)现代信息技术开拓了体育产业发展的空间

在现代社会背景下,信息技术的利用是体育产业创新与发展的重要动力。依托现代信息技术,促进体育产业的信息化、技术化、知识化发展,能有效突破传统信息交流渠道和障碍,进而促进体育产业的健康发展。① 发展到现在,信息技术已逐渐渗透到体育产业的各个层面,信息技术与体育产业更好地融合在一起,形成了重要的合力,彼此都获得了快速的发展。现代信息技术为体育企业提供了一个良好的发展平台,借助这一平台,体育产业各个层面都能获得良好的发展。目前,我国的体育制造业和体育服务业发展迅速,体育产业拥有一个广阔的发展空间。

(四)大数据时代推动了体育科技创新

当前,现代信息技术在社会各个领域和行业都得到了广泛的利用,这极大地推动了社会的发展和进步。对于体育产业而言,在现代信息技术广泛利用的背景下,大数据的出现对体育产业产生了新的驱动力。通过大数

---

① 陆小成,冯刚,骆慧菊.体育强国视域下体育产业创新驱动机制研究[J].西南石油大学学报,2016(1):34—38.

据的运用，职业体育俱乐部、体育赛事组织、体育科学研究等受益匪浅，各种体育科技产品、体育健身器材等的出现也吸引了大量的体育消费者，促进了体育产业的发展。

二、观念创新

（一）改变传统观念，不断学习新知识

在现代社会背景下，体育产业的发展要符合时代的要求，满足大众的体育需求，要改变旧有的错误思想观念，要将体育事业与体育产业作为国家重要的事业对待，真正认识到体育产品、体育服务等方面的重要性，认识到体育产业能满足人们的多元化需求，能为社会创造较高的经济价值。而要想实现这一目标，就必须要加强体育信息、理论等知识的学习，丰富自己的知识体系，促进体育产业的创新发展。

（二）树立政府的服务和扶持基本理念

在社会主义市场经济体制下，以往的体育事业发展思路已难以跟上时代发展的要求，因此，要逐步改变旧有的发展观念和思路，用市场经济理念指导和发展体育产业，建立一个以市场经济、社会需求为导向，尊重市场发展规律与机制的体育产业发展体系。在体育产业发展过程中，要充分发挥政府部门的作用，优化服务效率，提高服务质量，为体育企业提供良好的制度保障，利用一切可以利用的手段，充分调动体育产业发展的内在激励动力，实现创新发展。

（三）构建大众创业、万众创新的文化空间

在体育产业的发展过程中，要坚持创新理念，鼓励社会各个层面加入体育产业活动中，构建一个大众创业、万众创新的体育文化空间。在这种良好的环境下，体育产业投资力度会逐步加大，体育产业经营与管理模式也会获得创新，这为我国体育产业的发展提供了重要的动力和条件。

三、制度创新

体育产业的发展需要良好的制度作保障，没有一个健全合理的体育制度，体育产业的发展将举步维艰。因此，要想促进我国体育产业更好地发展，加强制度创新是非常重要的一个方面。建立新的制度体系，能改变以往不符合时代发展的做法，能更好地调动体育产业各要素、各力量的积极性，从而形成一个良好的生态发展环境，为体育产业的发展奠定良好的基础。因此，加强制度创新也是促进我国体育产业实现可持续发展的重要保障。加强制度创新可以从以下三方面做起。

（一）构建产学研合作创新的资源配置机制

在体育产业发展的过程中，可以通过与体育高校、体育研究机构、体育服务组织等部门密切合作，整合各类体育资源，加强合作创新与产业链融合，不断扩大体育产业规模，提升体育产业技术创新能力，提高体育服务质量，扩大体育产业的影响力，促进体育产业的快速发展。

（二）创新体育举国体制

当前，我国体育产业在很多方面都存在着一定的问题，如发展体制不健全、影响力不足等。要扭转这一局面，首先特色的体育举国体制要转变思想，进行体育体制的创新，做好体育产业的转型升级工作。我国体育产业相关部门要积极响应国家的号召，加强体育产业的研究，创新体育举国体制，制定体育产业发展的创新驱动机制。体育产业创新驱动机制要能适应当前体育产业发展的要求，能快速地整合社会资源，实现体育产业的既定目标。

构建一个体育产业发展的制度创新驱动机制，需要我国政府部门结合当前体育产业发展的形势，转变自身职能，释放体育产业发展动力，减少体育产业组织的干预，为体育产业构建创造一个良好的制度环境。同时，建立科学有效的创新服务机制，为体育产业提供良好的服务，这对于体育产业的发展具有重要的意义。

（三）创新体育产业人力资源开发机制

随着我国社会经济的不断发展，居民生活水平得到了极大的改善和提高，在这种情况下，人们参加体育健身锻炼就拥有了良好的经济基础。每年我国居民的体育消费水平在不断提升，形成了体育产业人才的强大需求空间，健身俱乐部中的健身教练、社区体育指导员、业余体育教练等产业岗位人才比较欠缺，这就需要进一步创新体育产业人力资源开发机制，加强体育产业人才的挖掘与培养。我国政府相关部门要制定相应的优惠政策，引导和鼓励更多的人才进入体育行业，加强体育经纪人、体育管理人才等的培养，加强高校教育体制改革，培养新型的体育人才。

四、服务创新

目前,我国已是一个体育大国,但距离体育强国还有一定的距离。体育强国不仅体现在竞技体育方面,而且在体育产业、大众体育、体育服务等方面都有较高的水准,而后者则是目前我国比较欠缺的,尤其是在体育产业服务方面,我国与发达国家之间更是存在着较大的差距。体育服务创新主要是有关体育服务业的营销模式、服务组织架构等方面的创新。在体育产业发展的过程中,体育用品业的服务化、体育服务业自身服务水平的提升,都是体育产业进一步发展的重要推动力。由此可见,加强体育产业服务创新就显得至关重要。

(一)构建外部与内部营销的服务创新机制

在我国体育产业发展的过程中,要构建一个外部与内部营销的服务创新机制,加强与顾客、与员工之间的密切联系,为体育产业的发展创造良好的外部与内部环境。

体育产业外部营销的服务创新应以顾客导向为基本原则,加强与顾客、与上下游企业之间的密切联系,促进体育产业各服务环节的完善与发展,提升体育产业服务质量,增强体育产业的竞争力。

在体育产业的内部营销方面,要注重员工的管理,提高员工的服务意识和能力,对于优秀员工要给予必要的物质与精神奖励,对于不合格的员工要给予必要的处罚或者辞退。大量的实践表明,从体育产业内部员工入手,提高体育产业的服务质量,能促进体育产业的健康、快速发展。

(二)构建弘扬民族文化的服务创新机制

民族体育是我国体育产业的重要组成部分。加强体育产业的服务创新,就要重视对民族体育文化的弘扬与传播,这是促进我国体育产业发展的重要内容。

1. 加强保护,防止民族传统体育文化资源的流失和闲置

我国是一个多民族国家,各民族都有自己的特色体育文化,受历史、观念等因素的影响,很多民族传统体育资源被忽视、被闲置,无人继承和发扬,甚至濒临消亡的边缘。因此,我们要构建一个促进民族体育传播与发展的服务创新机制,加强民族传统体育资源的挖掘、保护与传承,而举办民族体育赛事就是一种很好的形式,可以更好地宣传与推广民族传统体育运

动,实现民族传统体育的可持续发展,反过来这对于我国体育产业的发展也是非常有帮助的。

2. 要加强民族传统体育与其他产业的融合,实现共同发展

在我国体育产业发展的过程中,要加强民族体育与西方体育之间的融合与发展,汲取西方体育文化的先进经验,加强我国民族传统体育文化的改造,提高我国民族传统体育的竞争力。另外,还要重视民族传统体育与文化产业、旅游产业等相关产业的融合与发展,将民族传统体育逐渐融合到现代体育产业之中,创造具有社会影响力的体育品牌,走品牌化发展战略,创造出优良的体育产品,推向国内市场和国际市场,从而提高我国体育产业发展的影响力,促进我国体育产业的国际化发展。

第三节 体育产业创新发展思路与对策

通过以上关于我国体育产业发展现状与存在问题的分析,可见我国体育产业的发展还有很长的一段路要走,需要在各个方面加大发展的力度,进一步加强体育产业的创新与发展,结合我国的具体国情和特色,可以采取以下发展对策。

一、更新发展理念,加快体育产业化进程

要促进我国体育产业的创新发展,首先要转变旧思想,树立发展的新理念,采取必要的措施和手段提高体育产业发展的产业化水平,将体育产业作为一个重要的经济部门来发展,加强体育产业与社会经济之间的联系,确立体育产业发展的战略性地位,加快体育产业发展进程。

二、深化体制改革,促进体育产业健康发展

结合当前我国体育产业发展的形势,体育部门要进一步转变体育职能,建立一个科学完善的、符合市场经济发展的体育产业管理体制,利用各种手段加强体育产业市场的管理,制定有利于体育产业发展的政策,确保体育产业发展有一个良好的制度保证,将我国体育产业的发展纳入法制化轨道。从长远来看,这是我国体育产业健康、持续发展的重要一步。

三、构建体育产业发展的指标体系

综观发达国家的体育产业，在其国民经济中已占据非常重要的地位，成为重要的经济增长点，这是未来发展的一个趋势。总体来看，体育产业的发展一方面是国民经济增长的需要，另一方面也是其自身发展的需要。因此，客观评价体育产业发展的现状，制定一个体育产业发展的科学指标体系，对于体育产业的可持续发展具有深远的影响和意义。需要注意的是，建立的体育产业发展指标既要能符合体育产业的发展需求及发展实际，又能促进体育产业的未来发展。

四、培养一大批优秀的体育产业人才

体育产业的健康发展离不开人才，因此，加强体育产业人才的挖掘与培养就显得至关重要。针对当前我国体育产业发展的现状，可以采取以下措施：第一，在高校中大力开设体育管理专业，培养一批高质量的体育产业经营与管理人才；第二，通过培训班、会议交流等形式，加强我国体育高级管理人才的培养。这对于我国体育产业的健康持续发展具有非常大的帮助。

五、发展大型企业，建立优秀的体育品牌，提高体育产品的竞争力

要促进体育产业的快速发展，国家相关部门必须要制定相应的扶持政策和制度，鼓励优势体育企业走出国门，与跨国体育企业展开竞争，在吸取其他国家先进经验的基础上，结合我国的实际创立自己的特色品牌，进一步提高体育企业的影响力，走品牌发展战略，逐步缩小我国与发达国家之间的差距，这是我国体育产业健康发展的重要方向。

六、加强体育文化产业基地建设形成产业链，以优势企业带动弱势企业

目前，我国体育产业优势产业门类主要是体育产品制造业和体育娱乐活动。在未来的发展中，我国体育产业基地要做大做强，形成一定规模，严格按照“一区一圈一带”三个区域发展，在市场经济体制下，企业间有合作也有竞

争。企业间相互促进，使其优势产业做大做强，并带动弱势产业发展。[①]

我国地大物博，各地区之间的经济水平也存在着较大的差距，这直接导致了我国体育产业的结构发展不均衡。另外，各地区的优势产业不同，其发展规模也不同，在这种情况下，建立一个体育产业基地可以形成良好的体育产业链，以优势产业带动弱势产业，促进我国体育产业的健康、快速发展。

① 贾元帅．新时期山东省体育文化产业创新发展研究[D]．曲阜：曲阜师范大学，2017.

第三章 体育产业系统各要素的创新、优化与发展

体育产业系统比较复杂，涵盖众多要素，其中，体育产业结构、体育产业组织、体育产业制度就是最为重要的几个部分，这几个部分的发展对于体育产业的健康发展具有重要的影响和意义。要想促进体育产业系统完善与发展，就要不断加强体育产业结构的优化，加强体育产业组织的科学管理，加强体育产业制度的创新与发展。本章对体育产业系统内各项要素进行了细致的研究与分析。

第一节 体育产业结构的优化与发展

一、体育产业结构的概念与特征

（一）体育产业结构的概念

体育产业结构是指体育产业内部各生产部门之间的技术经济联系和数量比例关系。在整个体育产业系统中，各部门之间的联系非常密切，相互影响、相互促进而形成一个有机整体。在体育产业各部门中，产业总产值的分布情况和资源配置情况能够在一定程度上通过体育产业结构体现出来。

在体育产业结构中，各分支行业的联系非常密切，各方面的发展具有一定的连锁与反馈效应。例如，体育健身娱乐业能有效带动体育用品业的发展；体育传媒业、体育彩票业能带动体育竞赛产业的发展等。

总体来看，体育产业系统中的各要素密切配合，共同对体育产业系统产生重要的影响和作用。因此，加强体育产业结构的优化对于体育产业的健康发展具有重要的意义。

（二）体育产业结构的特征

1. 整体性特征

任何系统都包含各种各样的要素，这些要素相互联系、相互作用进而

推动系统的发展，这就是系统整体性特征的体现。对于体育产业系统而言也是如此。体育产业就是由各种体育企业构成的一个集合体，各企业之间在参与各项体育产业活动的过程中相互促进、相互扶持，共同推动着整个体育产业的发展。

由系统理论可知，体育产业需要系统内部各要素的密切配合、相互促进才能获得发展。我们只有充分分析体育产业内容的各要素，才能更好地认识与了解体育产业的结构，进而采取有针对性的措施和手段对其进行优化与整合。在整个体育产业结构中，任何要素都与其他要素联系在一起，各个要素密切配合，相互促进，共同推动着体育产业结构调整与优化目标的实现，进而推动体育产业健康、持续发展。

2. 自发性特征

体育产业的发展受各种因素的影响，既有内部因素，又有外部因素，在内部因素方面，体育产业能够进行自我的调节，结合具体实际情况进行合理的调整以适应整个体育市场发展的要求，因此说，体育产业具有重要的自发性特点。正因为如此，体育产业才能实现自身的不断发展。

一般来说，体育产业可以凭借自身的调节，对自身结构进行自发建造，实现产业结构升级的目标。体育产业是始终处于不断发展和变化之中的，系统内各要素随着环境的变化而发生相应的改变，体育产业内部各个子系统也会进行不断的调整，共同推动着体育产业的进一步发展。

3. 转换性特征

在体育产业不断发展的过程中，资源配置是必不可少的一部分，体育产业的资源配置变化会在一定程度上造成体育产业结构发生变化。当体育资源配置发生变化时，体育产业也会发生一定的转变。由此可见，体育产业结构具有一定的转换性特征。

在体育产业发展的过程中，体育产业结构的转换，即指体育资源的合理配置，通过体育资源的合理调整与配置，才能实现体育产业内部劳动力、资金等的转移，实现体育产业结构优化的目标。

4. 层次性特征

体育产业结构比较复杂，系统内元素众多，表现出明显的层次性特征，通过各子系统及子系统内各元素的密切合作，体育产业才得以顺利发展。

根据产业结构层次的划分标准，体育产业属于第三产业的第三个层次。整个大的产业系统又包括各个子系统，而子系统又包含了更低级的系统。依此类推，体育产业就是由各子系统及更小的子系统组成的体系，因此表现出明显的层次性特征。

二、影响体育产业结构的因素

（一）经济发展状况

大量的实践表明，体育产业结构与社会经济发展之间有着极为密切的关系。在体育产业发展的过程中，需要不断调整和优化体育产业结构才能确保体育产业系统的正常运行，而体育产业结构的调整则能有效促进社会经济的进一步发展，而经济发展则又反过来促进体育产业结构的调整，二者是相辅相成、相互促进的关系。

需要注意的是，体育产业结构的优化与调整是建立在一定的经济基础之上的，没有一定的经济基础，体育产业结构也就无法实现优化与调整的目的。具体表现在以下两个方面。

一方面，体育已成为人们的重要生活方式，在日常生活中扮演着越来越重要的角色，而不论是体育产业结构的优化还是整个体育产业的发展都需要一定的经济条件做基础。

另一方面，体育产业是社会经济发展到一定水平的产物，社会经济的发展为人们参与体育运动提供了重要的物质基础，如体育场馆、体育设备等，而现代科技的高度发展也是体育产业结构调整与优化的重要推动力。

（二）社会需求的变化

体育产业结构的调整与优化主要是为了满足人们的社会需求，也就是说，当社会需求出现一定变化时，体育产业结构也会做出相应的改变。由此可见，社会需求的变化是影响体育产业结构调整的重要因素之一。

1. 体育需求结构的变化为体育产业结构的调整提供动力

在现代社会不断发展的背景下，人们的经济水平得到了很大的改善和提高，随之而来的是人们的社会需求也由物质需求开始向精神需求转变。人们的这种需求变化将直接影响着体育产业结构的调整与变化。

当社会生产力水平低下，人们经济条件有限时，决定体育产业结构变化的因素主要是人们的体育需求变化。随着社会的不断发展，人们的体育需求会发生一定的变化，在这种形势下，体育产业系统就会向人们新的体育需求方面倾斜，从而促使体育产业结构做出适宜的调整和改变。

2. 体育需求结构决定着体育产业结构的进程和方向

人们在社会中所进行的各种活动或行为都受到一定的需求驱动的影响，当低一级的需求得到满足后，人们又会追求更高一级的需求，而表现在体育产业结构方面，体育产业结构的调整也是在人们需求的驱动下进行的。对于体育产业部门而言，要充分把握人们的体育需求变化情况，这样才能根据人们的需求变化及时调整产业结构，从而生产出满足人们需求的产品，否则就会被体育产业市场所淘汰。

随着我国体育产业结构的调整与不断完善，人们的各种体育需求都得到了一定程度的满足，这是体育产业健康发展的态势。对于体育企业而言，其在生产产品时要高度重视人们体育需求的变化情况，做好充分的市场调查，任何生产行为或服务行为都要以人们的体育需求为基础。如果生产的产品大于人们的需求，就会造成产品过剩，反之，则会造成资源的浪费，这些都不利于体育产业的发展。

随着人们生活水平的不断改善和提高，人们的消费水平也得到了很大程度的提高，在这种条件下，人们对体育的需求也更加多元化，也促使出现了一些新的体育产业内容，这是人们的体育需求变化所导致的。

3. 体育需求总量的规模制约着体育产业结构

通常来说，当人们的体育需求较大时，体育企业就要生产更多的产品来满足人们的体育需求，因此，体育产品就会增多，体育产业规模也会增大。而当人们的体育需求较小时，体育产品就会相应地减少，并且难以出现新的体育产业市场。由此可见，体育需求在一定程度上决定着体育产业的结构及体育市场的发展。

人们的体育需求是处于不断发展和变化之中的，体育产品的市场容量也会受到人们体育需求不断发展的限制。当人们经济条件得到改善和提高，并满足了基本的物质需求后，人们开始追求更高层次的精神需求，在这种形势下，人们的体育需求不再是简简单单地满足健身方面的需要，而是出现多元化和个性化的发展趋势，这就使得体育产业结构发生调整和改变。而当人们对体育产品的需求变化速度越来越快时，就会对体育产业的规模化生产造成极大的挑战。

（三）体育资源配置情况

在体育产业发展的过程中，体育资源是其发展的重要基础，同时，体育资源也在一定程度上影响着体育产业结构的调整与发展。

1. 体育产业的发展要有大量的物质资本积累

正常情况下，一个国家体育产业产出总量的大小在很大程度上取决于资本存量的多少。通常来说，体育产业部门的投资越多，体育产品增长就会越快。

当物资资本积累到一定程度后，体育产业的发展才会具备一定的物质基础。而随着人们经济条件的改善和生活水平的提高，才会有更多的时间和金钱去参与体育消费，在这种条件下，体育产业才能获得进一步的发展。

2. 体育产业的发展需要有大量相关人力资本的积累

在21世纪，人才对于社会各个方面的发展都具有重要的意义，对于体育产业而言也同样如此，良好的人力资源是体育产业结构调整的重要保障。具体而言，人力资源对于体育产业结构的影响体现在以下两个方面。

第一，人力资源综合素质较低时，体育产业结构会受到很大的限制，难以向更高阶段发展；而具有高素质的人力资源，则能采用现代化的科学手段促进体育产业结构的调整和优化，从而推动体育产业的发展。

第二，高水平的体育赛事不仅需要高水平的教练员和运动员，而且还需要高素质的体育产业经营管理人才，这些人力资源都是体育产业结构优化升级和体育产业持续发展的重要基础。

总之，体育产业要想获得健康持续的发展，必须要有重要的人力资源作保障，当前我国体育产业的劳动力资源比较丰富，因此，劳动密集型产业发展速度较快，但是比较欠缺体育产业运营管理方面的人才，这需要采取必要的手段和措施挖掘与培养大量的高素质体育产业人才。

3. 体育产业的发展需要依托体育场馆设施

任何体育活动的进行都离不开体育场地和设施，因此，体育场地设施是体育产业发展的重要基础，要想促进体育产业的健康发展，首先就要加强体育场地、体育设施、设备等的建设。可以说，没有充足的体育场地设施与设备，体育活动就无法进行，也就无法满足人们的体育需求。当前，对于我国各地区而言，体育场地设施资源是制约和影响体育产业发展的重要因素。

（四）制度环境的影响

制度是影响一个国家或地区经济增长的重要因素之一，要想实现经济的快速、健康发展，就必须要拥有建立一个良好的制度环境，一个科学、完善的制度体系能保证体育产业获得健康、持续的发展。

在体育产业发展的过程中，通过制度安排能形成相应的刺激，能有效激发工作人员的积极性，促使其积极参与到体育产业生产与管理活动之中，保证体育产业活动的顺利开展。除此之外，体育产业结构的调整和变化也是产业制度改善的结果。要想实现体育产业结构优化与升级，离不开健全和完善的体育产业制度体系。

（五）科技创新的推动

大量的事实表明，科学技术是推动体育产业结构优化和升级的重要推动力。在体育产业发展的过程中，每一项科学技术的创新与发展都会在一定程度上影响着体育结构乃至体育产业的发展。具体而言，科学技术的创新对体育产业结构的推动主要表现在以下三个方面。

1. 创新影响需求结构，从而导致体育产业结构变化

随着现代科学技术的大量应用，体育产业部门的生产成本呈现逐渐下降趋势。随着成本的下降，相关体育产品的价格也随之降低，进而促进体育市场不断扩大，最终影响体育产业的结构。

2. 创新影响供给结构，导致体育产业结构的变化

科技的创新与发展会在一定程度上影响体育产业的供给结构。这是因为随着现代科学技术的应用，涌现出大量的新产品和新行业，促使体育产业结构向着更高级的水平方向发展。

3. 创新影响体育产业的梯度转移

我国地大物博，区域间的经济差异较大，存在着严重的经济发展不平衡性现象，尤其是东部经济发达地区与西部欠发达地区的经济差异非常明显。而在现代科学技术快速发展的条件下，东西部地区的产业结构开始不断升级，一些技术层次较低的产业向中西部地区转移，这就促使体育产业结构布局更加合理，各区域之间的差异也会逐渐缩小。

三、体育产业结构的优化

（一）体育产业结构优化的内涵

了解体育产业结构优化的内涵有助于我们采取科学、有效的手段促进体育产业结构优化目标的实现。体育产业结构优化是指在当前体育资源

现状下，在保证体育产业基本经济利益基础上，通过产业内部各环节或各部分的调整，从而实现满足人们日益增长的体育需求，促进体育产业健康发展的过程。

体育产业结构优化的内涵具体体现在以下两个方面。

1. 合理化

要推动体育产业的健康发展，必须根据实际情况不断调整体育产业结构，实现体育产业结构的合理化发展。在现代科学技术发展的大背景下，各产业之间的联系更加密切，只有相互合作才能获得发展。对于体育产业部门而言，只有实现体育产业结构的合理化，才能优化产业资源配置，获得预期的产出效益。在这里获得预期的产业效益是指在不改变体育产业现有条件的情况下，通过单纯地调整体育产业结构来达到资源配置的目的，由资源配置的优化来获得体育产业经济的增长。

关于体育产业结构的合理化，不同的学者有不同的理解。其中一部分学者将体育产业结构的合理化归结为通过产业结构的调整和升级，促使体育产业中各行业的协调发展，以满足人们体育需求的发展和变化；一部分学者认为体育产业结构的合理化是指通过各种手段的利用，改变产业结构效益的过程；一部分学者强调以动态发展的眼光来看待体育产业结构的合理化，体育产业结构的合理化实际上是实现产业结构的动态均衡；还有一部分学者认为体育产业结构的合理化主要是指实现产业资源的合理配置与利用，推动体育产业战略性调整与发展。

综上所述，体育产业结构的合理化主要是指体育产业资源的合理配置，实现产业部门的协调发展，主要包括产业各部门产出能力的协调、产业部门地位和作用的协调、产业部门联系方式的协调和区域体育产业布局的协调。

2. 高度化

在体育产业不断发展的过程中，产业结构的高度化实质上是指产业分工的进一步深化与发展。体育产业结构的高度化发展是相对于当前的社会经济水平而言的，社会经济是一个不断发展和变化的过程，同样，体育产业结构的高度化发展也是一个不断调整和变化的过程。在体育产业发展的过程中，产业结构属于一个资源转换器，通过各种技术手段的利用，体育资源获得合理配置，体育产业结构得到合理化的调整，人们的多元化体育需求获得满足，这些变化都推动着体育产业的健康发展。

具体而言，体育产业结构的高度化发展主要包括以下四个方面的内容。

(1)产业高附加值化,即产品价值中所含剩余价值比例大,具有较高的绝对剩余价值率和超额利润,是一个技术密集程度不断提高的过程。

(2)产业高技术化,即在体育产业各部门中广泛采用先进技术,从业者的劳动素质和管理者的管理水平不断上升,不断实现组织管理创新,产业的运行效率和产出能力不断提高,体育产业不断壮大。

(3)产业高集约化,即产业组织合理化,市场竞争由分散的小规模竞争向以联合、集中性的大规模竞争发展,规模经济的利用程度大大提高,有较高的规模经济效益。

(4)产业高加工化,指体育产业内部各要素或环节的专业分工不断深化,向着更高一级方向发展。对于我国体育产业而言,主要是由劳动密集型产业向技术密集型产业发展,技术在未来体育产业发展中占据着非常重要的地位。

(二)体育产业结构优化的目标

1. 体育产业可持续发展

社会经济的发展需要社会各部门之间保持一个合理的比例,而体育产业的持续发展也是如此。在体育产业发展的过程中,如果产业内各部门的发展较为落后或者不均衡,就会在一定程度上制约和影响着体育产业的发展和进步。因此,要促进体育产业的可持续发展,就要建立一个良好的产业内部结构,并形成良好的互动。体育产业的可持续发展可以说是体育产业结构优化的重要目标之一。

2. 结构合理化和高度化

体育产业结构的发展始终是处于动态变化之中的。体育产业的健康、持续发展需要体育产业结构不断的升级与优化,实现产业结构的合理化发展。体育产业结构的合理化主要是指保证部门相互合作、相互促进,获得协调性发展;而体育产业结构的高度化则是指体育产业结构经过一定的调整,由低级阶段向着高级阶段发展。

3. 具备产业核心竞争力

要推动体育产业发展,使体育产业具备一定的核心竞争力就要结合实际情况调整和优化产业结构,实现产业结构优化与升级的目标。在实现体育产业结构升级目标的过程中,要充分利用现代化的技术手段,对体育产业进行战略性调整，增强体育产业的核心竞争力。

4．供需动态平衡

在人们生活水平逐步改善和提高的情况下，我国居民消费结构发生了较大的改变。对于体育生产企业而言，要细致分析产品的供需变化情况，以适应人们不断变化着的体育消费结构。体育产业在发展的过程中，要结合人们的消费情况，促使体育产业实现供需动态平衡，这样才是体育产业的健康发展。

5．区域协调发展

区域协调发展是我国体育产业结构优化与发展的重要目标之一。各地区要充分利用本区域的体育资源优势，加强特色化建设，从而实现体育产业结构的高度化发展。对于我国体育产业部门或体育企业来说，提高体育资源的利用效率，实现体育资源的合理化配置，促进各区域体育产业的协调性发展，才是我国体育产业健康持续发展的目标。

（三）体育产业结构优化的原则

1．整体性原则

在体育产业系统内各要素之间是相互依存、相互影响、相互促进的关系，这些要素共同组成了一个具有特定功能的聚合体。因此，体育产业的发展要注重整体性，注重系统内各要素的密切配合，实现整体功能大于部分功能之和的目标。而体育产业结构优化也要遵循整体性这一原则，要合理配置各类体育资源，促进产业内部各要素的协调发展，以充分发挥体育产业结构的整体协调功能。

2．层次性原则

体育产业结构在优化与升级的过程中受到多种因素的影响和制约，在不同的发展阶段会呈现出不同的发展层次。体育产业结构层次的划分，可以揭示出体育产业结构的系统特征，能帮助人们更加深刻地认识体育产业的发展形势与未来发展前景。在体育产业结构优化的过程中，要充分认清较高层级要素与较低层级要素的区别，并加强二者之间的有机结合，不能忽略任何一方的发展。

3. 动态性原则

体育产业结构的优化属于一个动态发展的过程。体育产业结构的优化并不是指体育产业结构水平的绝对高低，而是结合当前具体发展实际，根据本地区经济发展水平、体育资源配置情况等作出的优化性调整，这一优化程度是相对的、动态发展的，需要根据体育产业的发展情况进行适时的调整。

4. 开放性原则

系统的开放性是指系统同外界进行能量交换的过程中，会引起系统内部要素结构的变化，并导致要素间的关联关系重新组合。系统内各要素的变动会引起系统某一参变量的变化，当达到一定临界值时会发生突变，这时整个系统就会发展成为另一种状态。一旦新的状态形成，就需要增加同外界物质和能量的交换才能保持系统的稳定性发展。体育产业结构优化的过程中要始终遵循开放性原则，以使体育产业系统保持动态平衡。

5. 效益性原则

在市场经济条件下，体育产业结构的调整要以资源最佳配置、最佳结构效益为基本原则，在体育产业政策的支持下，注重经济效益和社会效益的共同发展，不断加强体育产业结构的优化与调整，不断完善产品与服务，以满足体育消费者的各种需求。

四、体育产业结构的发展策略

为促进我国体育产业结构的优化升级，应整合体育产业各种资源，加强产业内容各要素之间的联系，确定好主导产业，以主导产业带动其他方面的发展。

（一）谨慎选择体育主导产业

我国的体育主导产业主要包括体育健身娱乐业、体育竞赛表演业、体育教育培训业等几个方面，政府要给予以上产业必要的政策支持，促进其快速发展。发展体育主导产业的作用主要体现在以下两个方面。

一方面，发展体育主导产业，能在一定程度上带动其他相关体育产业的发展，如体育用品制造业、体育彩票业、体育传媒业等，其他体育产业的发展反过来也能推动体育主导产业更好地发展。

另一方面，发展体育主导产业能带动周边旅游、餐饮、房产等行业的发展，这就是体育产业的旁侧效应。

随着人们健身意识的发展和提高，对体育的需求也越来越多样化，人们不仅需要参与体育运动，而且还有欣赏体育赛事的需求，这种情况下，能极大地推动体育竞赛表演业的快速发展。人们关注并喜爱某一项赛事后，也对该项目的兴趣提高了，进而产生强烈学习本项目技能的欲望，这对于体育技能培训业、体育健身娱乐业的发展具有重要的促进作用（图 3-1）。

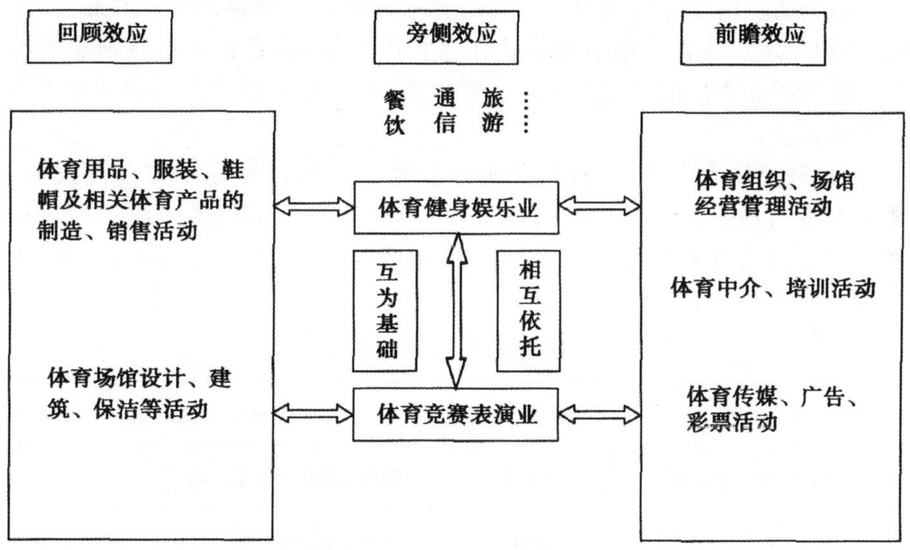

图 3-1　体育主导产业的效应

体育技能培训业、体育健身娱乐业、体育竞赛表演业是当前我国体育产业里的核心产业，促进以上产业的发展，能对体育产业行业的整体发展具有一定的拉动效应。因此，我国政府及体育主管部门应采取具有针对性的措施和手段，以促进这些体育主导产业的发展。

（二）大力促进体育主导产业的发展

1. 增加社会先行资本和投资率

为促进体育主导产业更好地发展，需要进行社会先行改变，即为体育产业结构的升级积累必要的社会先行资本。体育主导产业的形成与发展是建立在一定的经济基础上的，其先导和基础就是投资，而投资在体育产业结构优化中则起着重要的导向作用。

为大力发展体育主导产业，我国政府相关部门要制定一定的政策，保证体育产品与体育服务有一个良好的发展环境，这样不仅能满足大众的体育消费需求，还能促进体育产业市场的良性发展。国家可以实行一些扩张性政策，从物质和政策上支持各类体育企业研发新产品，还要以市场机制为依据来加强体育场馆的建设与运营，为体育产业的进一步发展提供良好的物质基础。

2. 确保市场需求的充足性

市场的供需变化情况对于体育产业的发展具有重要的影响和意义，因此，我们要增加体育市场消费来优化体育产业结构，将扩大体育消费看作促进体育产业发展的重要力量。一般来说，扩大体育市场需求应从以下几个方面入手。

(1)开发体育市场。当前，我国体育产业市场体系还不健全和完善，需要开发与培育的市场内容与产品众多，体育产业部门要采取一切可以利用的手段去开发体育产业市场。当前，我国需要开发与培育的体育市场见表 3-1。

表 3-1　需要开发与培育的体育市场①

体育市场	目标对象	开发项目及产品
青春美容健身市场	男女青年	健身、健美、修身产品
银发健身市场	中老年人群	养身、保健型产品
多功能高档体育健身娱乐市场	高收入阶层	健身、休闲、娱乐等相关产品，如高尔夫球、保龄球俱乐部相关产品
娱乐性体育健身娱乐市场	城市居民	休闲型、娱乐型体育项目及产品
竞赛表演市场	体育运动爱好者	体育赛事相关产品或服务，如各种球类赛事、田径赛事等
体育培训市场	青少年人群	各种富有刺激性和挑战性的极限运动，如轮滑、蹦极、潜水等项目

① 刘远祥．体育产业结构优化研究[M]．济南：山东大学出版社，2015.

(2)适应各类体育市场。要以体育消费者的需求差别为主要依据细分体育产业市场，选择合理的目标市场，制定合适的产品与服务价格，开展各种营销活动。

(3)转变居民的体育消费观念。当前，绝大部分人都建立了“花钱买健康”的思想理念，在此基础上，我们可以确立和深化“体育，让生活更美好”这一主题，引导社会居民积极参与体育运动，并促使其建立正确的体育消费观念，激发其体育消费的动机，这对于促进我国体育主导产业的发展具有重要的意义。

3. 进行配套制度改革

体育产业结构的优化与升级，在很大程度上取决于体育产业制度的建立，这就要求我国政府部门及体育产业相关部门在社会主义市场经济体制的基础上，建立能推动体育产业结构优化升级的体育产业制度。

(1)政府相关部门要转变体育产业管理的方式，将市场机制与宏观调控手段充分结合起来确保体育产业的健康发展。体育行政部门不能直接干预体育产业的经营与开发活动，政府也不能垄断体育资源，要建立一个体育产业市场公平竞争的环境。

(2)政府要制定一定的法规政策，保证体育产业的优化发展。政府部门要重点培育体育核心产业(体育健身休闲服务业、体育竞赛表演业等)，促进主导产业拉动其他相关产业发展目标的实现。

(3)为促进体育关联产业(如体育中介、体育培训等)的发展，政府部门要建立一个市场支撑体系，制定合理的体育产业市场交易与管理规则，其目的是促进体育产业结构的逐步完善以及体育产业市场的健康发展。

(4)作为我国政府而言，要从政策与资金上大力扶持体育主导产业的发展，如制定税收优惠政策，加强体育产业的科技投入等。政府要采取一定的手段和措施加强创新，加强体育企业的品牌化建设，提高体育企业的自主研发能力，鼓励其开发出能满足人们多元化体育需求的产品或服务，如此才能促进体育产业结构的调整、优化和升级。

4. 制定创新策略

(1)逐步拉长体育产业的价值链，建立创新性服务体系，具体从产品设计、供应链管理、售后服务等方面着手，提高体育产品的附加值，实现利润最大化。

(2)大力建设体育用品标准体系，加强体育产品质量监管和认证工作，实施体育产品品牌策略，提高产品的国内与国际影响力。

(3)积极培养体育产业人才。体育产业的发展需要大量的人才,我国政府相关部门必须要重视体育产业相关人才的培养,力争培养出一批高水平的体育专业人才并投入到体育产业的建设之中。

(三)统筹优化区域产业结构

要实现我国体育产业的整体发展,还需要对我国区域体育产业结构进行调整与优化。总体而言,需要从以下几个方面着手。

1. 充分发挥市场与政府的作用

体育产业市场的发展离不开市场机制与政府的宏观调控,只有将二者结合起来,才能促进体育产业结构的优化与升级,进而促进体育产业的健康发展。要充分发挥市场与政府的作用,就要遵循市场价值发展规律,制定相应的体育产业政策,促进我国各区域体育产业结构的协调发展。

2. 发挥区域间互补的整体优势和综合比较优势

我国地大物博,各区域之间的经济基础不同,体育产业也处于不同的发展水平,这就要求我们以具体实际为依据,合理调整与规划区域体育产业结构布局,充分发挥区域互补的整体优势。

(1)充分挖掘各区域的优势资源,根据具体实际优先选择体育产业部门,促使其先行发展,然后带动其他产业部门的发展。还要打造体育产业的特有品牌,走品牌化发展战略。

(2)重点发展西部体育旅游业,挖掘与开发体育旅游资源,推动体育旅游业的发展,并带来良好的辐射效应。

(3)充分利用中西部地区的体育资源,合理规划体育产业布局,缩小不同区域体育产业水平的差距,实现各区域体育产业的协调发展。

3. 建立统一开放、竞争有序的区域市场体系

众所周知,我国城乡之间、区域之间的经济发展水平存在着较大的差距,要在短时间内缩小这一差距是不可能的。因此,我们在制定体育产业政策时要适当地向经济欠发达地区倾斜,制定一些优惠政策,消除地区发展的壁垒,调整和完善市场调节机制。针对不同地区的体育资源,要采取有针对性的开发手段与措施,实现各地区体育资源的合理配置。总之,就是要建立一个统一开放、合理有序的市场竞争体系,促进区域体育产业的协调性发展。

第二节 体育产业组织的管理与发展

一、体育产业组织系统构成

(一)体育市场结构

体育市场结构是指体育产业内部企业市场关系的特征和形式。体育市场中各个市场主体在市场交易中进行沟通、交流与合作就形成了体育产业市场结构。

当前,我国体育产业市场结构主要存在着垄断竞争型市场结构、完全垄断型市场结构以及寡头垄断型市场结构三种类型。

(1)垄断竞争型市场结构。垄断竞争型市场结构是一种垄断程度较低但竞争性比较充分的市场结构形式,这一结构类型在当前体育产业中较为常见。一般来说,当今常见的商业俱乐部和会员制体育组织都属于这种市场结构类型。这些企业一般规模都较小,在社会上的影响力也不是特别大。

(2)完全垄断型市场结构。完全垄断型市场结构是指在某个特定范围内,体育消费资源的生产和销售主要由一家体育组织完全支配。体育赛事垄断就是其中典型的例子。如国际奥委会、国际足球联合会、国际田径联合会等垄断着赛事的举办权。

完全垄断市场的核心在于构建自身的市场贸易壁垒,排除一切可能的竞争者,获取高额的垄断利润。如国际奥委会通过垄断奥运会的举办权就获得了商业经营的权利,为自身谋取了巨大的经济利益。

在完全垄断的体育市场中,垄断集团的体育组织对产品或服务展开运营与管理,其他任何体育组织都不能加入其中,否则,就会受到一定的制裁,这就是完全垄断的表现。

(3)寡头垄断型市场结构。寡头垄断型体育市场结构主要体现在体育广告业、体育娱乐业、体育建筑业等几个方面,它们都呈现出寡头垄断的特征。

(二)体育市场行为

1. 体育市场竞争行为

在体育产业发展的过程中,产业部门之间处处存在着竞争行为,这些竞争行为突出表现在以下几个方面。

(1)定价行为。体育产业部门主要采用以下几种定价策略。

①成本加利润定价法。指在平均成本的基础上加上一个预期的利润水平的定价方法。这是一种单边主观的定价行为,其目的是保证收回成本并获得可观的经济利润。[①]

②价格领先制定价。寡头垄断市场经常采用这种定价形式,主要有以下几种模式(表 3-2)。

表 3-2 体育企业价格领先制定价模式类型

定价模式	定价方法
主导企业定价模式	由市场规模最大、竞争力最强的体育企业开出价格,其他企业跟随
串谋领导定价模式	由规模大、实力强的几家体育企业共同定价,其他企业跟随
晴雨表型定价模式	由具有较大社会影响力的体育企业出面调整价格,其他企业跟随

③竞争性定价。这一定价方式在体育产业市场竞争中最为常见,其目的是获得更高的市场占有率。这一策略属于一种长期战略行为,在短时间内体育企业的经济利润有可能难以增长,甚至可能出现降低的情况,但从长远来看,这种定价方式具有一定的先进性和可行性,对于体育企业的长远发展还是比较有利的。

(2)广告行为。当前,绝大多数体育企业都比较重视利用广告来宣传和推广自己的产品或服务,尤其是在体育用品业中,广告应用最为普遍。通过广告策略,体育企业能很好地对外宣传自身产品或服务的优势,提高社会影响力,进而提高本企业产品的市场占有率,并最终获取尽可能多的经济利润。[②] 通过广告行为,体育企业树立了自身品牌,提高了市场竞争力。

(3)兼并行为。企业兼并行为是指两个以上的企业在自愿基础上结合而成为一个新的企业组织的调整行为。通常来说,企业兼并行为主要包括以下三种(表 3-3)。

---

① 吴超林.体育产业经济学[M].北京:高等教育出版社,2004.

② 李骁天,王莉.我国体育用品产业市场垄断与竞争分析——以市场行为为切入点[J].北京体育大学学报,2008(31):1595－1597.

表 3-3　体育企业兼并行为

兼并行为	兼并表现
横向兼并	同一产业、同一产品的竞争，多见于体育产业内部
纵向兼并	在竞技体育产业中较为常见，表现为实力较强的大企业兼并实力相对较弱的小企业
混合兼并	不同产业之间，不同产品企业之间的兼并行为

发展到现在，我国的体育产业市场越来越成熟，体育企业兼并行为也越来越复杂，界限越来越不明朗，很难准确判断体育企业的兼并行为属于哪一种。

2. 体育市场协调行为

在体育产业市场中时时处处存在着竞争与合作的行为，只有竞争与合作才能促进体育市场的发展和协调。一般来说，体育市场的协调主要有价格协调和非价格协调两种。

(1)价格协调。价格协调指体育企业就产品价格进行协调与探讨的行为。如国际奥委会与其他国际体育组织之间进行的奥运会转播权进行的谈判就属于价格协调行为。

(2)非价格协调。非价格协调是指通过共谋或串谋的形式对体育产品供给的时间、地点、规则等进行谈判。如国际奥委会同其他体育组织就赛事举办时间、赛事规章等方面的协调与谈判。

(三)体育市场绩效

一般情况下，体育市场绩效能充分反映体育市场运行的效率和资源配置情况。体育产业市场绩效的评价标准主要包括以下三个方面。

1. 体育市场资源配置效率

资源配置效率是社会总效用或社会总剩余最大化的集中体现，可简单理解为社会福利的最大化。体育企业进行生产与经营的主要目的就是追求利润的最大化。因此，在衡量体育市场资源配置效率时要考虑以下四个方面。

(1)体育产业利润率，指判断体育市场的竞争前景，预测体育产业利润率，采取必要的策略提高本企业利润率。

(2)考察体育市场集中度和进入壁垒的程度，判断本企业是否拥有进入产业市场的资本和实力。

(3)考察政府在体育产业市场中的地位,判断市场机制是否合理和有效。

(4)考察体育产品的需求情况,分析体育产业市场各种因素,判断体育消费者的需求。

2. 体育产业规模结构效率

在体育产业结构体系中,体育产业结构的效率实现情况非常重要,这将直接影响到体育产业结构的优化与升级。要想实现体育产业规模结构效率,就要高度重视体育产业资源的利用状况。

(1)经济规模的实现程度。经济规模的判断,一般用达到或接近经济规模的产量占总产量的比例来表示。但是在体育产业市场中,完全符合规模经济要求的体育企业是不存在的,这一标准是相对的。

(2)经济的结合及实现程度。体育企业管理人员要采取必要的措施和手段,实现体育产业内部结构的合理化发展,体育产业部门之间的比例应恰当。

(3)企业规模能力的利用程度。当前,我国体育企业规模能力的利用程度主要存在以下两种情况:第一,规模较大的体育企业存在设施利用不足,产能过剩的情况;第二,一部分体育企业市场集中度较低,存在产业资源浪费的情况。

3. 技术发展程度

体育产业的发展在很大程度上依赖于产业技术的进步。产业技术有广义和狭义之分,广义的产业技术是指包括除资本投入和劳动投入以外的所有促进经济增长的因素;狭义的产业技术是指产业内的发明、革新和技术转移。

在体育产业中技术进步是衡量产业经济效益和市场绩效的一个非常重要的标准,产业技术在体育产业组织的生产结构、生产行为等多个方面均有不同程度的呈现。

要想促进体育产业的进一步发展,进行技术创新是必然的选择,而要实现技术创新就必须要加大投入,但即使加大资金投入也并不一定能实现既定的目标,至少在短时间内体育企业可能不会实现创收的目标,因此说技术创新并不一定能给体育企业带来理想的收益,即技术创新存在着不确定性。尽管如此,体育企业的技术创新仍然是非常重要的内容,体育企业部门要引起高度重视。

二、我国体育产业组织发展现状及存在问题

(一)我国体育产业组织发展现状

1. 体育竞赛表演产业组织结构现状

与国外相比,我国体育竞赛表演市场发展时间较晚,处于发展的初级阶段,水平不高,还存在不少问题。当前,随着竞技体育的高度发展,大量具有社会影响力的运动项目开始逐渐走向职业化道路,这对于体育竞赛市场规模的扩大以及体育产业的发展都具有重要的意义。据调查,当前,我国体育竞赛表演业在组织结构方面存在以下问题。

(1)我国体育竞赛表演市场欠缺有效的经营机制,要靠政府或企业大量输血。

(2)相比国外,我国竞技体育产业发展不成熟,整个产业绩效还很低。另外,在商业化运作方面也存在着较大的不足。

2. 体育健身娱乐产业组织结构现状

在体育健身娱乐市场方面,我国经济发达地区都出现了大量具有一定影响力的体育健身企业,并且获得了不错的发展。以下是我国目前存在的几种体育健身市场。

(1)银发健身市场。主要是为中老年人群提供各种服务,包括健身、养生、休闲等内容。

(2)健身健美市场。主要是为青年人群提供健身、减肥、形体健美等内容的服务。

(3)体育技能培训市场。主要是向青少年儿童提供必要的体育锻炼指导,以帮助其掌握运动技能,提高体能素质。

(4)高档健身娱乐市场。主要提供健身、娱乐或各种高档服务。只有具有一定经济实力的人才能享受到这些服务,因此,这一市场的入门门槛较高,有着较强的产业市场壁垒。

总体来看,以上体育健身娱乐市场类型中前三类市场容量较大,任何体育企业都可以参与其中,竞争压力较大;后一类市场容量相对较小,竞争性相对较弱。

3. 体育用品产业组织结构现状

与其他体育产业市场相比,我国体育用品业起步时间较早,但发展至

今已建立了一个相对成熟的产业市场。当前,我国体育用品生产企业的类型较多,涵盖了人们社会生活的各个层面,如体育运动装备、体育器材、运动保健用品等。

随着我国体育产业市场的不断发展,我国体育用品市场的竞争越来越激烈,但这也为体育用品企业制造了良好的发展机遇,如李宁、安踏、特步等体育用品企业发展形势良好,在国内有着较强的影响力和竞争力,但与国外优秀的体育企业相比还存在较大差距。受国外体育企业产品的冲击,市场占有率不高,利润不大,我国体育用品企业发展进入了一个瓶颈期,想要获得进一步的发展是非常不易的。

总体来看,当前,我国体育产业呈现出产业社会化、投资主体多元化的特点。在体育产业未来的发展中个体、私营、外资等都可以成为产业发展的重要力量,体育产业部门要充分认识到这一点,扶持这些产业部门的发展,相信我国体育产业一定会不断调整与完善自身组织结构,实现健康发展。

(二)我国体育产业组织存在问题

1. 主体产业竞争力不足

体育产业是生产体育产品和提供体育服务的企业或者经济活动的集合。[①] 发展至今,我国整个体育产业中,体育服务业的比重越来越大,成为我国体育产业的重要组成部分。

与国外相比,我国体育主体产业主要以体育用品和体育服务为主,其中,体育用品制造业在整个体育产业体系中占据着非常重要的地位。但是这一产业的技术含量较低,市场竞争非常激烈,并存在一些不正当竞争行为,对于我国体育产业的健康发展是非常不利的。

体育用品业以加工制造为主,但技术含量并不高。虽然目前我国体育用品在世界上已形成明显优势,产业市场所占份额较大,但是体育产业链中其他环节的涉及严重不足。在国际市场上,体育用品出口的产品以中低档为主是我国体育产品行业的主要特点,价格竞争力强,质量竞争力弱,虽然市场占有率较高,但所获得经济利润却较低。

近年来,体育赛事产业发展迅速,赛事的类型多种多样,一些具有较大影响力的赛事深深吸引着人们的参与,如奥运会、世界杯等,每逢赛事举办期间都会在社会上形成一股热潮。与国外相比,我国具有国际影响力的赛

---

① 江和平,张海潮.中国体育产业发展报告(2008—2010)[M].北京:社会科学文献出版社,2010.

事还相对较少，国际竞争力不足，精品赛事稀少，影响力较弱。[①] 这需要进一步发展。

2. 产业地区发展不平衡

当前，我国经济发展存在着不平衡现象，具体体现在东部沿海和西部内陆地区经济发展不平衡、大城市与乡镇经济发展不平衡等方面。在体育产业上也存在这种不平衡现象。

我国经济发达地区的体育产业发展水平相对较高，东部沿海地区体育产业发展明显高于中西部地区。体育产业主要集中于京津沪及东南沿海大城市，而其他经济欠发达地区的体育产业发展水平则较低，这种发展不平衡的现象在短时间内是难以扭转的。

3. 体育场馆投入—产出严重失衡

当前，我国体育场馆的经营与管理还存在着一些问题，投入—产出的不平衡就是其中一个非常重要的方面。近年来随着体育赛事及全民健身运动的不断发展，我国地方政府也新建了一批新的体育场馆，但由于后期经营管理不善，体育场馆的利用率并不高，存在着资源浪费的现象。例如举办一个大型运动会，为保证运动会的顺利开展，地方政府往往会兴建体育场馆，但当运动会结束后，这些场馆就会闲置起来，并不能发挥其应有的作用。大量的投入不但没有得到回报，有些甚至还要继续投入进行维护，利用率较低，这对于我国体育产业乃至整个体育事业的发展都是非常不利的。

总体来看，随着我国竞技体育的快速发展，社会上出现了大量的体育场馆，这说明我国的体育场馆资源还是比较丰富的，能基本满足人民群众参与体育健身的需要，但是实际上大部分体育场馆都没有得到充分的利用，利用率较为低下，今后需要相关部门采取必要的措施扭转这一局面。[②]

三、我国体育产业组织发展策略

（一）完善体育产业组织结构

体育产业的内容较为丰富，总体而言主要包括体育产品和体育服务两个部分，这两个部分对于体育产业的发展起着举足轻重的作用。一般来说，发达国家的体育服务业占主导地位，体育产品则随着经济水平的提高

① 郭晶晶．中国体育产业市场研究——基于SCP范式[D]．武汉：武汉大学，2012.

② 陈鹏．中国体育：亚运会后何去何从[J]．瞭望(新闻周刊)，2010(48)：42－43.

其产业比重呈现不断下降趋势。可以这么说，越是体育产业发达的国家，体育服务业所占比重越大，而对于体育产业不发达国家而言，体育用品业则占据着主导地位。目前，我国体育产业就主要以体育用品产业为主导，体育服务性产业占次要地位，因此，要想促进我国体育产业的进一步发展，还需要大力发展体育服务业，提高体育服务业在体育产业中的比重。

要想改变这种情况，我国政府应充分利用周边资源，重视对体育产业的投资与扶持，从体育健身休闲、体育场馆管理等领域入手，推进我国各地体育服务业的发展，以促进我国体育产业结构的调整、优化与升级。①

（二）调整体育产业人才结构

在体育产业中，体育组织是非常重要的组成部分。而在体育组织内部，人才发挥着极为重要的作用，因此，完善体育产业人才结构，建立一个科学完善的体育产业人才体系是体育产业今后发展的重中之重。

对于体育产业而言，体育产业发展的规模、速度等都在很大程度上受到体育人才的影响，体育人才必须具有出色的专业水平和综合素质才能管理好体育产业，保证体育产业运营与管理活动的顺利进行。

当前，我国体育产业人才数量较少，质量不高，这是我国体育产业人才发展的一个大体现状。而要想进一步提高我国体育产业管理水平，促进我国体育产业的进一步发展，就需要加强体育产业人才挖掘、培养与管理的工作，力争培养出高素质的体育产业人才。

要想促进我国体育产业的发展，必须结合市场经济发展的规律，建立一个健全、完善的体育产业人力资源管理结构（图 3-2），以进一步提高我国体育企业的市场竞争力。

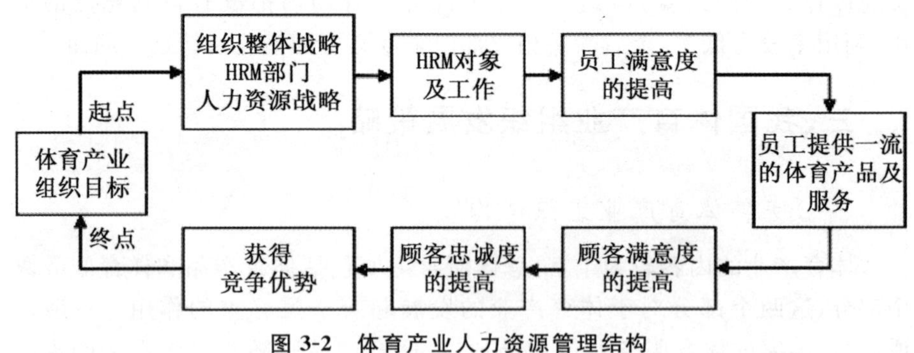

图 3-2　体育产业人力资源管理结构

① 杨丽丽．我国体育产业结构现状与优化对策研究[D]．上海：上海体育学院，2013.

（三）推动体育产业技术创新

体育产业的技术创新对于体育产业的长远发展而言具有非常重要的意义，体育产业主要包括体育产品创新和体育服务创新两个方面。体育企业在发展的过程中都希望获得垄断地位进而获取垄断利润，在获得垄断地位后，体育企业还会加大产业创新以巩固其市场中的领先地位。在垄断利润的刺激下，一些处于非垄断地位的体育企业将不断模仿垄断企业的新产品，这在一定程度上削弱了创新者的垄断地位。为改变这一局面，处于垄断地位的技术创新者将创新的重点转移到企业生产流程的再造中，这一创新技术难度较大，在短时间内很难被其他体育企业模仿和超越。

因此，为提高我国体育企业的竞争力，就必须要加强产业技术创新，可以采取以下措施。

(1)进行劳动力的技术创新，解放劳动力，如网络售票可以比现场售票节约更多劳动力。

(2)节约资本的技术创新，重视资本的整合与运用，如多功能体育场馆的建设就是一个典型的例子。

(3)提高效率或质量的技术创新，这种创新能极大地提升资源利用的效率。

（四）增强体育产业各要素的互动

拥有一个健全、合理的体育产业组织，对于体育产业的健康发展而言具有非常重要的意义。在体育产业发展的过程中，要充分利用已有的经验，提高体育资源配置的效率，促进体育核心产业、外围产业和其他相关产业的发展；要促进体育产业各相关要素的互动性，促使其获得共同发展与进步。

体育赛事与旅游业的结合就是一个很好的例子。关于这一点，墨尔本做得非常成功，墨尔本旅游局通过电视、网络以及平面媒体等全方位立体化推广手段为体育赛事造势，整合当地体育赛事与旅游资源，吸引游客，实现增收。[①]

除此之外，还可以利用外围或其他产业的发展来推动体育核心产业的发展。如文化创意产业中的传媒产业的发展，可以进一步完善体育产业链，通过发挥媒体对体育的有效推动作用来发展体育产业。

---

① 马海涛，谢文海．国际大都市体育产业组织路径的经验与启示[J]．世界地理研究，2012(21)：112－117.

第三节　体育产业制度的创新与发展

制度对于体育产业的健康发展具有非常重要的意义，一个健全和完善的制度体系能保障体育产业持续、健康、稳定的发展。体育产业制度并不是一成不变的，而是随着体育产业的发展而有所创新与发展，这样才能适应不断变化的体育产业水平，为体育产业提供持续不断的保障。

一、体育产业制度的概念与作用

（一）体育产业政策的概念

所谓体育产业政策是指为促进体育产业的健康持续发展，政府和体育主管部门根据体育产业发展的现状及发展要求，运用一系列政策工具和经济手段，制定一系列规划、干预和引导体育产业发展的措施。

（二）体育产业政策的作用

体育产业政策的作用主要体现在以下几个方面。

1. 促进体育产业结构合理化与高度化

体育产业政策的改变能在一定程度上引起体育产业结构的变动，促进体育产业结构向着更加合理化和高度化方向发展。作为我国政府及产业部门而言，要站在全局宏观经济的高度，根据不断发展和变化的市场供求趋势，制定和实施科学的体育产业政策，通过各种经济和法律手段，调节资源在体育产业各部门间的合理分配，促进体育产业结构的优化与升级。

2. 弥补市场失灵的缺陷，有效配置体育产业资源

大量的事实表明，市场机制不是万能的，不能解决一切问题，而体育产业政策的实施能有效地弥补产业市场失灵的缺陷。在当前市场经济发展的背景下，存在着不公平竞争、垄断等现象，单纯地利用价格机制并不能完全实现资源的有效配置，这就需要制定一个科学、合理的体育产业政策，将体育产业政策和市场机制结合起来，促进体育产业市场的有序和健康发展。

3. 实现体育产业超常规发展，缩短赶超时间

对于经济发展水平不高的国家而言，要想在短时间内提高体育产业的竞争力，仅仅依靠市场的自由调节是远远不够的，而体育产业政策与市场机制的联合作用能较快地促进体育产业既定目标的实现。

4. 增强本国体育产业的国际竞争力

当前，体育产业全球化的趋势日益明显，国家政府或体育行政部门可以结合本国体育产业发展的具体实际制定相关的体育产业政策，以增强体育产业在国际市场上的竞争力，促进体育产业的全球化发展。

二、我国体育产业制度的现状与不足

经过一段时间的发展，近年来我国体育产业获得了快速的发展，但是当前我国体育产业仍属于一个新兴产业，在各方面都还存在着较大的不足。在体育产业政策的制定与实施方面，受制于计划经济条件下的传统理念，体育产业政策仍存在诸多问题，如政策广度不足、深度不够，产业政策不全面，还不能适应体育产业发展的要求。总体来看，当前，我国体育产业政策的不足主要表现在以下几个方面。

（一）没有建立和形成一个合理的政策框架

体育产业的发展涉及社会多个层面，要想保证体育产业的健康发展，就要建立一个自上而下、由表及里的政策体系。基本的政策框架应包括国家政策、行业政策和体育机构政策等几个方面，内容涉及发展体育主体产业政策、体育服务政策、体育市场发展政策等。只有建立一个科学、合理的政策框架才能保证体育产业顺利有序的发展。

（二）体育产业政策欠缺有效性和直接性

当前，我国体育产业政策的有效性和直接性还不够明显，欠缺一定的纲领性文件，地方政府也缺少一定的政策规划，现有的体育产业政策也主要归属于体育系统本身的行业规则。有关体育产业政策的制定和实践，“东部”先于“西部”，经济发达省市先于经济相对落后省市，实践先于理论，体育系统先于其他系统，这样的体育政策对于我国体育产业的健康发展是非常不利的。

(三)体育产业政策存在盲点

当前,我国的体育产业政策还存在诸多的盲点,一般情况下,体育产业政策主要出自体育系统自身的需求,这些政策并不能真正体现体育产业市场化的要求。再加上体育系统存在或多或少只重视眼前利益等问题,使得体育产业政策的执行与实施并没有出现预期的效果。

三、促进体育产业发展的政策策略

(一)制定优惠政策,扶持体育产业发展

国家的宏观调控对于体育产业的发展具有重要的意义,它能有效地控制和调节体育产业的发展方向。因此,要提高体育产业的竞争力,促进体育产业的健康发展,还要制定税收、信贷和财政货币等政策,为体育产业营造一个良好的外部环境。

1. 财政政策

我国各级政府要不遗余力地为体育产业发展提供必要的财政支持,加大政府投入的比例。与国外发达国家相比,我国政府的体育经费投入还比较少,难以满足体育产业的发展需求。政府应结合体育产业的发展实际,制定完善的财政政策,加强公共体育场馆的建设和维护,扩大地方基层财政对体育事业投入的比重,为体育产业发展提供必要的财力支持。

2. 税收政策

税收是管理和调节国民经济活动的重要手段,对于国家各部门的发展具有重要的意义。目前,体育产业各部门承受的税种名目繁多,致使体育产品经营部门无利可图,对于体育产业的长远发展是非常不利的。因此,要切实推动体育产业的持续健康发展,就要制定一个良好的税收政策,如营业税收的减免政策、税收优惠政策、税率的调整政策等,通过这些政策的制定与实施才能激发体育产业市场的活力,促进体育产业的健康发展。

3. 价格政策

人们参加任何体育健身活动都需要一定的体育场所。因此,国家相关部门要制定相关的政策限制体育健身服务企业的价格,保证大多数群众都

能享受到基本的体育健身服务。

4. 金融信贷政策

为促进体育产业的发展，国家体育部门应商讨对策将体育产业纳入贷款范围，对一些重点项目提供优惠的金融信贷政策，促进规模较大、竞争力较强的体育企业上市融资，获得更进一步的发展。除此之外，国家政府相关部门还要加强和规范体育彩票业的发展，为我国体育产业的发展提供各种保障。

5. 捐赠政策

为实现体育投资的多元化，体育产业相关部门应采取必要的措施和手段吸引社会投资，如企业、个人等赞助体育赛事，将这些活动纳入公益性捐赠范围，给予企业或个人一定的税收优惠。对公益性青少年体育活动场所的捐赠，在缴纳企业所得税和个人所得税前准予全额扣除。而对于协助捐赠的中介机构或个人，可以视情况给予一定的奖励。

6. 土地使用政策

以前为促进体育事业的发展，在建设体育公共场所方面，我国主要是采用行政拨款的方式兴建了大量的体育场馆，为人们参加体育运动锻炼提供了必要的场所。随着我国体育人口的不断增多，我国公共体育场馆的数量远远不能满足人们体育健身的需求，而要想大力发展我国的体育事业，必须要充分满足大众体育消费，因此，我国政府相关部门可以结合具体实际情况制定相关的土地政策，可以采取无偿或低偿划拨土地使用权方式兴建公共体育场馆，为大众参与体育健身提供重要的基础保障。

7. 国有资产使用政策

公共体育场馆具有鲜明的社会属性，主要是为人民群众提供健身服务，因此，国有资产占有费、有偿使用费等的一部分应根据实际情况用于公共体育场馆的维护和改造。对于一些营利性体育企业而言，国家政府部门在对其进行监管时，可以通过股权转让或拍卖等手段收回国有资产，以确保体育产业市场的有序发展。

（二）规范体育市场管理政策

为促进我国体育产业的进一步发展，国家政府部门要制定相关的规范体育市场发展的管理政策，建立一个科学和规范的法律法规体系。要遵循社会主义市场经济发展的规律，进一步调整体育经营企业中的经济关系，规范各种经营行为，从而保证体育产业的健康发展。体育市场的发展在很大程度上决定着体育产业的发展水平。因此，要构建一个合理、有序的体育市场运作体系，从各方面保护体育市场主体的切身利益，这样才能激发体育产业市场主体的积极性，增强体育产业市场的活力。通过多年的发展，我国已初步建立了一个体育产业市场发展体系，但政策体系不完整，市场机制不健全，并且欠缺具体的管理法规和实施细则，体育产业各部门的发展受到很大的限制。尽管有关地区的政府部门出台了一些规范体育市场的管理条例，但这些政策大都带有明显的行政干预市场的特点，不符合社会主义市场经济发展的规律。因此，我国政府需要建立一个符合我国体育产业发展实际且符合市场经济发展规律的体育产业市场运作体系，从而保证体育产业的健康发展。

我国各级政府部门要遵循市场经济发展的基本规律，按照产业化、市场化的要求，制定一个科学、合理的体育产业市场运行规则，规范体育产业市场主体的各种行为，从而实现公平竞争。

1. 规范市场管理

政府相关部门要制定一个体育产业市场准入办法，体育产业主体要严格遵守市场规则和市场经济规律，规范体育生产和经营行为。除此之外，还要加强体育用品生产企业的宏观管理，对于一些发展潜力巨大的体育企业单位和经济实体给予必要的支持，鼓励体育事业单位根据市场需求和自身实际创设经济实体，以促进我国体育产业的健康发展。

2. 加强法规建设

由于体育活动具有一定的危险性，因此，体育产业经营活动也会涉及一些安全问题。为保证体育活动的安全性，相关体育部门要制定体育用品、运动器械的安全质量标准，还要从行业管理的角度，制定相关的法规制度。

3. 提高人员素质

在加强体育产业管理的过程中，体育产业相关部门要对体育产品经营者的资格、条件等进行必要的审核和确认。如产业经营者是否具备必要的技术条件；经营场所的一切设施是否安全可靠等。另外，还要加强对体育产业经营人员的宣传和教育，努力提高体育产业从业人员的综合素质。

（三）引导居民体育消费的政策

随着我国国民经济的不断发展，人们的生活水平得到了极大的改善和提高，在这种情况下，人们开始向精神生活转移，消费目标和需求都上升为另一个档次。体育消费作为非必需性生活消费，正迎合了大众精神追求初级层次的消费需求，近年来人们在体育消费上的支出越来越大。

随着人们经济收入的不断增长，热爱体育健身的人对体育消费的支出也逐步增加。因此，要想使体育消费成为居民新的消费热点，就要充分考虑居民的消费水平和消费结构，结合居民的实际情况生产出符合居民利益的体育产品和提供相应的体育服务。居民体育消费水平的增长是一个缓慢的过程，国家政府部门要制定一些鼓励居民参与体育消费的政策和文件，引导大众积极参加健康的体育消费活动，以推动我国体育产业市场的发展。

1. 要积极引导和推动社区体育工作的开展

要方便居民参与体育健身活动，可以把体育设施建在居民居住的区域，居民在闲暇之余就能方便地参加体育锻炼活动，这能有效激发人们参与体育锻炼的热情。政府和房产开发商要有意识地在小区中规划建设体育场地设施；也可以面向社会招标，吸引社会投资，建设公益性的体育健身场地设施。

要构建一个全民健身的服务体系，在大中型城市建立市民体育健身中心，在城乡建立体育服务中心，帮助人们提高科学健身的意识与能力。另外，还可以利用体育彩票基金建设体育场地设施，做到取之于民，用之于民，从而创造一个良好的体育健身环境。

2. 加快社会体育指导员队伍建设

社会体育指导员在人们体育健身中起着非常重要的作用，目前我国的社会体育指导员无论在数量上还是质量上都比较欠缺，这对于人们参加科学体育健身是非常不利的。因此，我们要不断完善社会体育指导员技术等级制度，推进社会体育指导员国家职业标准，严格管理指导员队伍，建设一支高质量的社会体育指导员队伍。

3. 公共体育服务要合理和周到

公共体育场馆的建设能为人们参加体育锻炼提供便利,有利于全民健身活动的深入进行,进而促进广大居民体育消费水平的提高。当然,公益性体育服务的价格定位要合理,要与人们的经济水平相符合,这样才能有效刺激居民参与体育消费。

第四章　体育产业运营管理的原理与策略

体育产业能否得到健康、持续的发展，与体育产业相关部门的运营管理水平是分不开的。体育产业运营管理部门必须要掌握体育经济学、组织管理学等方面的知识，注重体育产业管理的效率和质量，针对体育产业中存在的问题展开细致的研究与分析，从而找出具有针对性的解决策略。

第一节　体育产业运营管理概述

一、体育产业运营管理的概念与职能

（一）体育产业运营管理的概念

体育产业运营管理是指一国体育产业中不同层级的管理者对不同层级的管理客体通过实施决策、组织、领导、控制、创新等职能，协调他人活动，实现既定目标的活动过程。① 当前我国体育产业获得了快速发展，体育产业在国民经济中的地位也越来越重要，其有着良好的发展势头和广阔的发展前景。但需要注意的是，当前体育产业的运营管理还存在一定的缺陷，如管理模式不完善，管理效率有待提高等。在这样的情况下，就需各国结合本国的具体实际，寻求体育产业运营管理的科学策略，建立一个相对健全和完善的体育产业运营管理体系。

（二）体育产业运营管理的职能

总体来看，我国体育产业运营管理的职能主要有四个方面。

(1)通过详细的市场调研，预测体育市场的供求变化，体育产业运营管理部门根据市场需求制定相应的目标。

(2)针对体育市场发展的实际，采取相应的措施和手段解决实际问题，

---

① 夏正清．体育产业运营管理[M]．西安：西安地图出版社，2011．

加强运营管理水平。

(3)合理配置体育产业资源,实现预期的经济效益。

(4)协调好整个产业部门的运营管理活动,实现既定的战略目标。

二、体育产业运营管理的要素

体育产业运营管理要素主要包括体育产品要素、环境要素、人力资源要素、财力资源要素和物力资源要素五个方面。这几个方面缺一不可,体育产业管理部门一定要对其进行深刻剖析,做好分工工作,从而提高管理水平,促进体育产业的健康发展。

(一)体育产品

体育产品在体育产业运营管理体系中占据着举足轻重的地位。体育产业经营活动的开展要围绕体育产品进行,否则体育产业运营活动就失去了意义。一般情况下,体育产品主要分为体育劳务产品、体育实物产品、体育精神产品三大类。

(1)体育劳务产品:各类体育赛事、体育竞赛表演活动、体育健身服务等都是其中重要的内容。

(2)体育实物产品:包括体育场馆、体育设施设备、体育赛事纪念品等内容。

(3)体育精神产品:包括各种体育杂志、体育宣传手册、体育赛事录像等内容。

(二)环境要素

体育产业的健康发展离不开良好的环境,因此加强体育产业的环境建设至关重要,同时一个良好的体育产业环境也有利于管理者开展体育产业的运营与管理工作。在体育产业发展的过程中,体育企业的管理人员应利用一切可以利用的手段为体育产业创造一个良好的环境。

(三)人力资源

在体育产业运营管理中,人力资源的管理至关重要。管理活动中的人力资源主要包括管理者和被管理者两个部分,二者缺一不可。

在体育产业运营管理体系中,人是主体,各项管理活动都在人的指导下开展。管理人员必须要具有良好的管理素质,要具备体育经济学、体育管理学等方面的知识,并掌握现代运动管理的方法,才能有效地组织与开展管理活动，实现既定的经营效益。具体而言，体育产业经营管理者应具备以下基本素质。

(1)正确认识体育管理工作，掌握体育产业运营管理的理论与方法。

(2)深刻理解体育产业的内涵与特点。

(3)具有较强的体育产业运营管理能力。

(4)了解和掌握体育产业管理部门人员的动态。

(5)具备优秀的领导能力和亲和力。

(6)具备及时、合理解决经营管理问题的能力。

(四)财力资源

财力资源是体育产业运营管理活动顺利开展的重要基础和保障，缺少了必要的资金，体育产业管理活动便无法顺利开展。因此，拓宽体育产业投资渠道，从多方面获取财力资源尤为重要。当前，我国体育产业运营管理获取财力资源的途径主要有以下两个。

(1)国家财政拨款：财政拨款是当前我国体育产业管理部门获取财力资源的主要途径，这一途径受社会经济发展水平和政府部门重视程度的影响较大。

(2)社会筹集：一般来说，社会筹集主要包括集资、捐资、社会企业赞助和借贷等几种形式。

当然，随着时代的不断发展，也会涌现出其他资源获取的途径，体育产业管理部门人员要尽可能地挖掘与利用一切可以利用的资源来加强体育产业运营管理体系的建设，从而实现提高经济效益和社会效益的目标。

(五)物力资源

物力资源，即我们所说的生产资料。体育产业各项活动的进行都离不开生产资料，如体育建筑物、机械、高科技材料和工具等都属于生产资料的范畴。体育产业管理者在管理物力资源时，要重视这些生产资料的使用率，充分发挥其最大的使用价值。

三、体育产业运用管理的基本要求

为提高我国体育产业运营管理的水平，要遵循以下基本要求。

(一)坚持以市场为导向

在社会主义市场经济体制下，市场在社会经济发展中扮演着十分重要的角色，对于体育产业领域而言也是如此。市场是实现体育产业资源优化配置的重要手段。因此，体育产业运营管理人员应坚持以市场为导向，以市场需求为依托，确立经营管理的目标与战略。

（二）坚持以法律为保障

当前我国体育产业在各方面还存在着诸多问题，如市场机制不完整，市场规则不健全，管理水平低下等。为确保我国体育产业的健康、持续发展，必须要加强立法建设，为体育产业的发展及体育产业管理部门开展活动提供必要的制度保障，促进我国体育市场的健康发展。

（三）不断提高服务水平

体育产业管理者要想提高自身的综合实力，需采取必要的措施和手段树立为体育市场服务的意识，不断提高自身的服务水平，为体育消费者或者潜在的体育消费者提供高质量的商品和服务，吸引大量的体育消费人群参与体育消费，从而获得理想的经济效益和社会效益。

（四）注重经济效益和社会效益的统一

追求经济效益是，体育产业部门的主要目的，但也不能过分追求经济效益而忽略了社会效益。片面追求经济效益，只追求眼前利益的行为是非常不理智的，长此以往，企业就很难获得长远的发展。因此，要做到经济效益和社会效益并重，将二者放在同等重要的地位。

第二节　体育产业运营管理的环境分析

一、体育产业运营管理的宏观环境分析

（一）政治环境

政治环境对于体育产业发展具有重要的影响。政治环境主要包括国家的政治制度、方针、政策等内容。良好的政治环境能影响到体育企业的管理决策、经营行为、市场投资、未来发展战略等诸多方面。

当前，我国拥有一个良好的政治环境，社会稳定，人民团结，因此，我国体育产业有着良好的发展背景，为体育事业的发展奠定了良好的基础。在

当前我国体育产业不断发展的背景下，政府应逐步加大宏观调控和市场监管力度，制定一些有利于体育产业发展的政策，为体育产业营造一个良好的发展环境。

(二)经济环境

体育企业经营与管理的一个最大目标就是追逐经济利益，因此经济环境是影响体育产业发展的重要因素。经济环境包括诸多因素，其中经济条件、经济特征、经济联系等都是重要的内容。

1. 我国体育产业发展的国内经济环境

当前，我国国内体育产业发展的经济环境良好，这为体育产业发展奠定了良好的基础。然而，我国大部分体育企业主要以劳动密集型产业为主，缺乏自主研发能力和创新能力，与国外体育企业相比，竞争力偏弱，进入国际市场的难度较大。加上近些年来国外各类体育企业纷纷涌入国内市场，给我国体育企业造成了极大的冲击，使我国体育企业面临着巨大的挑战。

2. 我国体育产业发展的国际环境

我国体育企业在国内面临着与国外体育企业竞争的局面，同时在国际上也同样面临着巨大的挑战。我国体育企业要想走出去，走上国际化发展的道路，就必须要充分了解国际体育市场经济的发展现状，把握国际体育市场的发展规律，认清自己的优势与特点，取长补短，紧跟国际体育市场发展的形势，增强自身的竞争力。

(三)法制环境

体育市场要想实现规范化发展，首先就要具备一个良好的法制环境。一个良好的法制环境，能保证各类体育企业在体育市场中公平地竞争与发展。为了创造一个公平竞争的环境，政府相关部门要结合当前体育产业发展的形势制定相关的法律法规，规范行政部门的行为，保障体育产业部门或体育企业的权利以及应履行的各项义务。

体育产业的健康运营与发展离不开良好的法制环境。在良好的法制环境下，能有效规范体育市场主体行为，促使产业市场的良性竞争，从而推动体育产业的健康发展。

（四）文化环境

文化环境是指一个国家或地区的民族特征、价值观、文化传统、风俗习惯等。一个良好的社会文化环境能对体育产品的生产和消费产生至关重要的影响，进而影响到体育企业的生产与运营行为。

体育事业是中华民族伟大复兴的重要内容，近年来，我国政府大力强调体育兴国，不仅竞技体育运动得到了迅速的发展，群众体育也获得了较快的发展，人们参与体育的热情高涨，全民健身的理念得到了很好的贯彻与实施，这为我国体育产业发展提供了广阔的空间。因此，加强我国社会文化环境建设具有重要的意义。

（五）科技环境

在现代科学技术快速发展的今天，各个领域、各个行业的科技元素越来越多，科技成为影响各行各业发展的重要因素，建立一个良好的科技环境是至关重要。对于体育产业而言，科技环境的建设也尤为重要，因为体育企业经营方式的转变以及进一步发展都需要科学技术的应用。

从政府角度来讲，要想提高我国体育企业的竞争力，转变体育企业粗放的经营方式，关键就在于科学技术；而从各类体育企业角度来讲，体育产业的经营与管理需要管理人员具备良好的创新意识，而要具备这一创新意识，就必须要能充分了解科学技术发展的新动向，树立创新的意识，掌握各项先进的科学技术，以为体育产业的进一步发展服务。

（六）自然环境

一般来说，自然环境主要包括自然、地理、人口等诸多因素，这些要素的发展直接决定着体育企业经营与管理的效益。体育旅游业、体育用品制造业、体育竞赛表演业等都是重要的体育产业部门，这些行业与自然环境之间的关系非常密切，其在发展的过程中要在保护环境的基础上制定发展规划与策略。如果没有一个良好的自然环境，体育产业部门的发展就无从谈起。

二、体育产业运营管理的微观环境分析

体育企业的运营与管理是在体育市场内进行的，因此，体育市场的所

有要素都会影响体育企业的发展。下面重点分析一下体育企业运营管理的微观环境。

(一)体育市场构成

在社会主义市场经济体制下,要想促进体育产业的健康发展,首先就要了解体育市场的基本构成要素(图 4-1)。只有充分了解与把握体育市场的各项要素,才能更加有针对性地设计运营管理的策略。

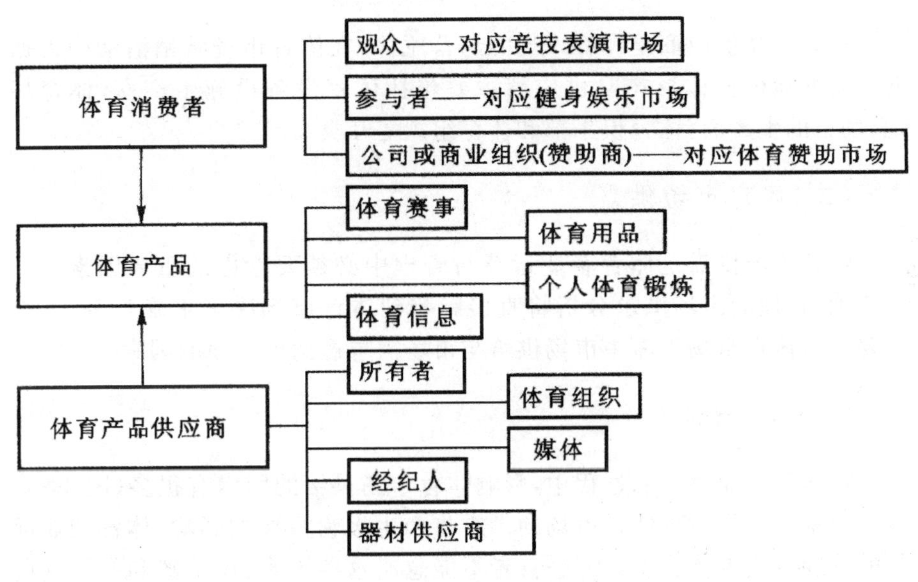

图 4-1 体育市场构成要素

1. 体育消费者

体育消费者是指购买体育消费品的人,主要包括以下几种类型。

(1)实物型体育消费者:购买体育运动装备的消费者。

(2)观赏型体育消费者:观看体育赛事的消费者。

(3)参与型体育消费者:参加体育运动锻炼的消费者。

另外,在社会上有很多公司或社会组织以体育赞助商的身份加入体育产业运营管理中,它们也属于体育消费者的一部分,在进行体育市场构成元素的研究中要注意这一点。

2. 体育产品

在体育市场中,体育产品是满足体育消费者各种体育需求的重要载体,它是体育生产者提供给消费者的实物产品或某种体育服务。体育产品主要分为以下四类。

(1)体育赛事:运动员、教练员、赛事管理人员等。

(2)体育用品:体育装备和各种体育商品。

(3)体育服务:体育健身中心、体育健康服务、体育培训与指导。

(4)体育信息:体育新闻、体育评论等。

3. 体育产品供应商

体育产品供应商是体育市场的经营主体,在体育市场营销活动中占据着重要的地位。体育产品供应商主要包括体育设备设施生产商,体育场地、场馆的生产商,体育俱乐部和体育组织等几类。

(二)体育市场供需

体育市场供需是体育企业运营与管理中必须要考虑的重要因素。一个正确、合理的市场供求分析将直接影响到体育市场决策正确与否,下面主要分析体育市场供需中市场供给与市场需求这两个方面的因素。

1. 体育市场供给

在体育产业发展的过程中,影响体育市场供给的因素有很多(图 4-2)。这些因素的发展对于体育市场的供给将产生极为重要的影响,体育产业部门的管理者或者体育企业的经营者不能忽略这些因素,需了解和掌握这些因素的发展情况。

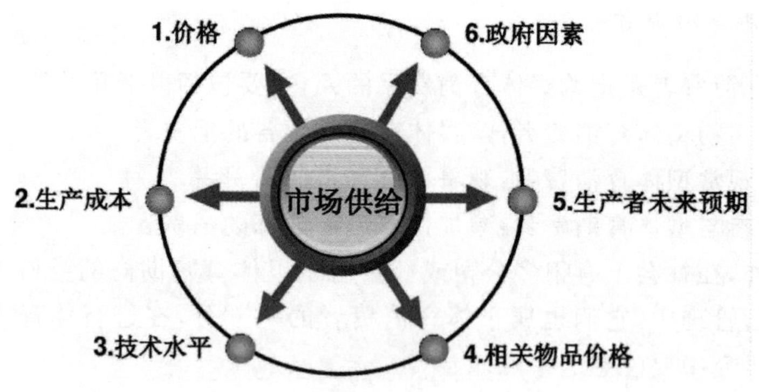

图 4-2

下面具体分析一下影响体育市场供给的几个因素。

(1)产品价格。产品价格与体育企业产品生产量的关系非常密切。通常情况下,体育企业倾向于选择价格高的产品,因为产品价格越高,就越容易获得高的利润,就会增加产量,反之则无利可图,只好降低产量。

(2)生产成本。从市场经济发展的规律来看,如果保持某一产品的价格不变,生产成本上升,利润就会减少;反之,则会增加利润,这两种变化都会影响体育市场产品的供给量。

(3)技术水平。在现代社会背景下,科学技术在各个领域都发挥着至关重要的作用。对于体育企业而言,生产技术水平的提高可以在很大程度上降低生产成本,提高企业的利润。因此,体育企业更愿意投入大量的资金用于改善生产技术水平,生产技术水平提高了就能为体育企业提供更多的产量,从而提高企业利润。

当然,需要注意的是,体育企业不可能单纯追求技术含量,因为生产技术的提高需要大量的资金投入,而在资金投入提高的情况下,产品的定价或服务也会有所上升,这是一般的体育消费者所接受不了的。为迎合大众口味,企业在技术投入方面就显得比较少。

(4)相关物品价格。体育企业除了有自身的核心产品外,为获得更大的经济利益和满足消费者的多元化需求,往往还会生产一些与核心产品有关的附加产品,这些产品的价格也会影响体育产品最终的价格。

(5)生产者的预期。生产者的预期也能在一定程度上影响体育企业的生产。一方面,如果体育产品的生产者看好某一种产品,就会加大这一产品的生产产量,提高该产品的价格;另一方面,如果生产者不看好某一产品,就会降低产量,调低售价。这种预期的判断需要体育产业的经营管理者具有丰富的经验,能对当前及未来的体育市场发展前景作出准确的判断。

(6)政府行为。政府在体育产业运营与管理中也发挥着重要的作用,政府所制定的土地、税收等政策能在很大程度上影响体育产品的供给。因此,体育部门要能合理地把握当前的体育市场发展形势。

2. 体育市场需求

体育市场需求是指消费者在一定时期内,愿意而且能够购买体育产品的数量,它是一种既有购买欲望又有购买能力的有效需求(图 4-3)。体育企业在生产产品的过程中要充分考虑市场需求状况,根据市场需求作出合理的生产规划。

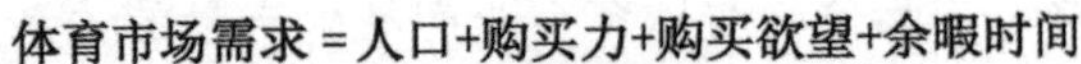

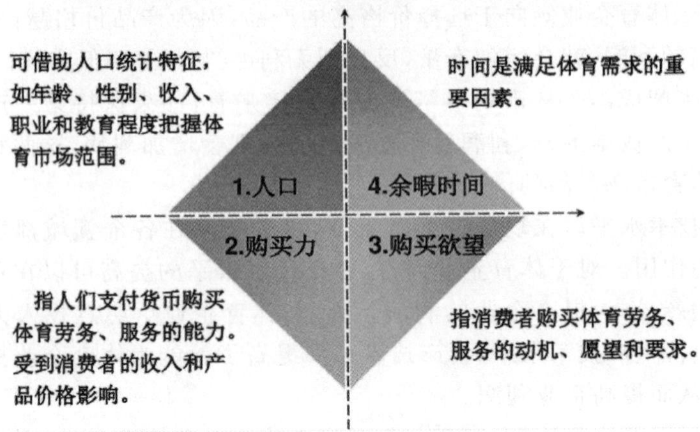

图 4-3　体育市场需求

对于消费者而言，体育市场需求就是消费者对体育产品购买量，购买体育商品或服务只要付出一定的资金就能完成消费过程。体育消费者支付消费资金这一行为主要受主观和客观两方面因素的制约（图 4-4）。

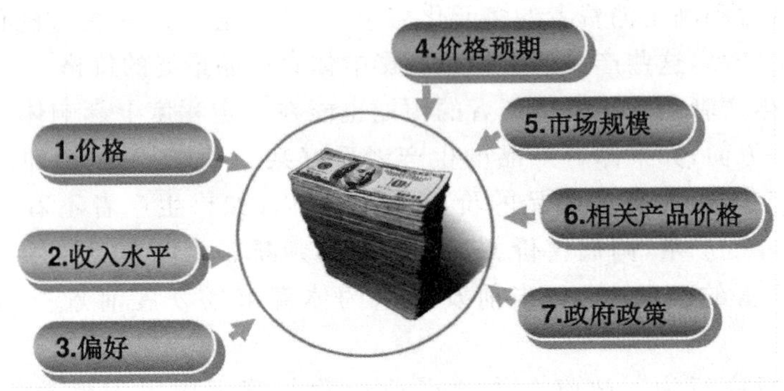

图 4-4　体育消费制约因素

体育消费者在购买体育产品时，通常会考虑以下几个方面的因素。

(1)体育产品价格。价格是影响体育消费者购买商品的重要因素。大多数情况下，产品价格与消费者需求成反比，即体育产品价格越高，市场需求就越小，反之市场需求就越大。

(2)消费者收入水平。体育消费者要想购买某种体育产品或体育服务，就必须要付出一定的资金，因此收入水平决定着消费者的购买力。在现代社会文明病日益肆虐的情况下，人们花费在体育健身锻炼上面的时间和金钱越来越多。消费者收入水平的提高大大增加了体育产品的需求量，而当消费者收入下降时，就会在一定程度上减少体育产品的需求量。

(3)消费偏好。体育消费者的偏好也会在一定程度上影响体育产品的购买量。通常情况下,当体育消费者偏好某一种体育产品时,该产品的需求量就会大大增加,反之,则会减少。需要注意的是,体育消费者的偏好不是固定不变的,作为体育生产者,要做好充分的市场调研,及时了解和掌握体育消费者对体育产品的偏好变化情况,从而适当增量或减产。

(4)体育市场规模。大量的实践表明,市场规模也能在一定程度上影响体育产品的需求量。体育市场规模越大,体育市场需求量就越大,反之亦然。一般来说,城市的健身市场要比乡镇的健身市场大,足球市场要比排球市场大。

(5)政府政策。为促进我国体育产业的健康发展,我国政府近年来制定了大量的体育政策与文件,这对消费者的体育消费产生了较大的影响。在我国竞技体育发展的初期,政府政策的制定主要集中在竞技体育领域,而在全民健身的今天,政府的体育政策则倾向于大众体育健身领域。

(三)体育产业资源

体育产业资源主要包括人力、财力、物力等内容,这些资源缺一不可,否则就会在很大程度上影响体育产业的运营与管理。作为体育产业经营者,不仅要想尽一切办法挖掘体育产业资源,还要对其进行合理配置,以达到降低企业运营成本,提高运营效率的目的。

(四)体育产品消费者

通过前面的分析,我们可知体育消费者的消费水平直接影响着体育产品的产量,而它也可以在一定程度上反映人们体育消费品数量的多少以及质量的高低。通过这些内容,体育生产企业可以及时地调整生产经营规模,制定符合实际情况的目标。

在当前我国体育市场规模日益扩大的情况下,人们的体育消费需求成为体育企业的重点关注内容,下面重点分析体育消费者的消费情况。

1. 体育产品消费者的购买行为类型

根据体育消费者自身个性特点与购买动机,可以将购买行为分为经济型、习惯型、情感型和理智型四种类型(表 4-1)。

表 4-1　体育消费者购买行为类型

类型	购买行为	个性特点
经济型	只重视价格与实用性，质量其次	价格为决定性因素
习惯型	倾向于选择自己熟悉或者偏爱的品牌	具有良好品牌形象的产品
感情型	出于感情动机而产生购买行为	产品感染力较强；产品具有较大的品牌影响力；产品在消费者中的口碑较好
理智型	注重产品的实用性，能冷静思考做出购买行为	产品是否质价相当；产品是否超过开支预算；产品的效用性如何

2. 体育消费者产品选购影响因素

总体来看，影响体育消费者选购体育产品的因素主要有以下几个方面。

(1)经济收入。经济收入在很大程度上决定着体育消费者选购的体育产品。通常来说，经济收入高的消费者容易参与体育消费，反之则不同。

(2)个性爱好。体育消费者的个性爱好也会影响其体育消费，除此之外，它还关系到体育消费者对体育产品的忠诚度。

(3)职业水平。职业也是影响体育消费者进行体育消费的重要因素。一般来说，白领阶层、脑力劳动者等经济收入相对较高的阶层倾向于选择高档的体育休闲消费；而体力劳动者则倾向于选择观看体育赛事、体育表演等。

(4)文化水平。一般情况下，体育消费者的文化程度越高，就越重视高雅的体育消费或精神消费；而文化水平较低的消费者则更愿意选择实用性较强的体育商品或消费方式。

(5)企业因素。对于体育消费者而言，体育企业的企业形象、市场定位、品牌形象等都会影响到消费者的产品选择和品牌忠诚度。

(6)相关群体因素。体育消费者相关群体(包括个人和集体)都会对体育消费者的消费选择产生重要的影响，如家人、朋友的建议，社区体育组织的宣传等都会在一定程度上影响体育消费者选择何种体育产品或消费方式。

第三节　体育产业运营管理的原理与理念

一、体育产业运营管理的原理

与其他行业的运营管理一样，体育产业的运营管理也讲究一定的原理与方法，只有很好地理解与掌握体育产业运营管理的基本原理，才能实现体育企业管理的效率，实现可持续发展。

（一）人本原理

人本原理，即“以人为本”的原理。在体育产业管理系统中，人既是管理活动的主体，也是管理活动的客体。体育企业要想实现管理的效率就要充分发挥人的积极能动性，提高企业管理的效率。

在体育企业管理中，要体现以人为本的基本思想，充分发挥管理者的个性，保证体育企业各项活动的顺利开展。在体育产业运营管理过程中，要想实现管理效益的最大化，就要在人本原理的指导下重点把握以下基本原则。

1. 行为原则

行为属于人们思想、感情、思维能力等各方面因素的综合反映。

从个体行为发展情况来看，人的行为主要受动机支配。因此，体育企业管理者要充分了解和掌握员工的发展动机，根据人的行为原则对员工进行管理。

在体育企业发展的过程中，要及时了解和掌握本企业员工的心理行为，采取积极的措施和手段激发员工的工作积极性，从而保证体育企业经营管理活动的顺利进行。

2. 能级对应原则

在现代企业管理中，机构、法和人都有一个能量问题，能量大小可以分级。一般来说，高能级办高能级的事，低能级办低能级的事，这就是所谓的能级对应原则。

在现代管理结构中，主要分为四个能级层（图 4-5）。在具体的管理中，要注意人的能级对应，根据人的能力和水平合理安排相应的能级（职位、工作任务),从而各司其职,实现既定的企业效益。

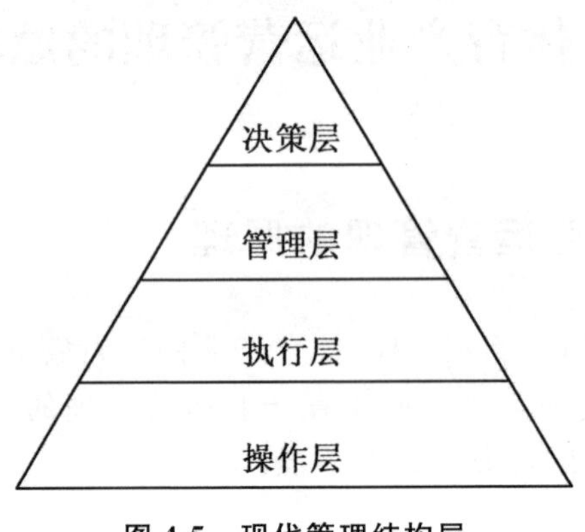

图 4-5 现代管理结构层

3. 动力原则

人的动机的产生需要一定的内部或外部刺激,体育企业运营管理者要采取必要的手段和方法刺激员工,使员工产生工作的动力,这就是动力原则。

一般情况下,体育企业管理者可以采取以下手段来刺激员工,激发员工工作的积极性。

(1)物质动力。物质动力是指以物质奖励来调动员工工作积极性的手段。这一手段主要包括工资、奖金等。在利用这一手段时,要注意方式方法,避免出现过于功利化的现象,否则会对体育企业的发展不利。

(2)精神动力。精神动力是指用精神力量来激发体育企业员工工作的积极性,进而提高其工作的效率和质量。人的精神动力主要包括理想、信仰、集体主义精神等。体育企业管理者要做好宣扬,帮助企业员工树立良好的精神,从而为企业的发展贡献自己的力量。

(3)信息动力。信息动力能为体育企业工作人员提供重要的精神动力,主要包括知识性动力、激发性动力和反馈性动力三个部分。体育企业管理人员要认识到信息动力的良好功效,充分利用这一手段管理工作人员,从而保证体育企业的健康运营与发展。

三种动力来源各有优势与特点,体育企业的运营管理者要综合利用以上三种动力要素,从而实现体育企业的可持续发展。

(二)系统原理

任何系统都不是孤立的,系统内的元素众多,各元素之间的联系非常紧密，它们根据系统的整体目标，按一定的结构动态组合在一起而发挥效用。系统原理的理论依据是系统理论中的整体效应观点：系统的整体功能之和可以大于各要素在孤立状态之和，即通过各种要素组合成一个系统，产生更为理想的效果。

在体育产业运营管理中，为实现既定的目标和管理效益，可以运用系统理论细致分析管理对象及系统中的各要素，将这些要素加以整合和利用，以实现效益的最大化。由此可见，在体育产业运营管理中，运用系统原理非常重要，在具体的应用中应掌握以下基本原则。

1. 整分合原则

这一原则要求管理者在具体的管理工作中细致了解整个工作过程是如何进行的，将整体分解为各项具体的工作，使每项工作规范化，然后再将其组织综合起来发展。总体而言就是指整体把握、科学分解、组织综合。在运用这一原则时要注意以下几点要求。

(1)管理人员要树立整体发展的观点。将管理对象，即体育产业看作一个大的整体，一切工作的开展都是为了实现整体目标。

(2)对整体进行合理的分解。只有分解正确，分工才能规范和合理，再能实现既定的管理目标。

(3)加强分工与协作的结合。分工不是目的，分工后还要进行整合，使各环节获得同步协调发展，既有分工又有协作才能提高管理的功效。

(4)要十分明确分解的对象。分解的对象是管理工作中的各项内容，而不是管理功能，要求管理者深刻认识到这一点。管理功能要统一，割裂开来就会出现混乱。

2. 优化组合原则

在体育产业管理系统中，系统内各要素的组合不能随心所欲，要讲究一定的原则，要注重系统内各要素的组合和优化，即贯彻优化组合的基本原则。

(1)重视目标优化组合。对于体育产业的管理者而言，要全面发动群众，制定一个科学的总目标，然后根据优化组合原则，把总目标层层分解到下属组织或个人，形成一个个分目标，互相促进，相互合作，从而实现总目标。

(2)强调组织优化组合。管理者要充分贯彻管理跨度的原则。管理跨度的大小，受管理者素质、能力、知识及管理对象的具体情况而定，在管理的过程中要形成一个三角组织，加强组织内各要素的联系与合作，从而为总目标服务。

(3)促进人才优化组合。在整个管理系统中，要做到人尽其才、合理搭配人才，这样才能节约成本，保证体育产业各项工作的顺利开展。

(4)保证环境优化组合。体育产业管理主要包括管理者、被管理者和管理环境三个要素，其中管理环境对于管理效果的获得有着重要的影响。管理者要采用科学的措施和手段营造一个良好的管理环境，从而实现理想的管理效果。

3. 相对封闭原则

对于体育产业管理者而言，在进行产业运营管理的过程中，要在内部建立一个科学、有效的管理体系(图 4-6)，即建立一个相对封闭的系统。系统内的各要素构成一个连续的封闭回路，确保管理系统的正常运转，这就是相对封闭原则的应用。

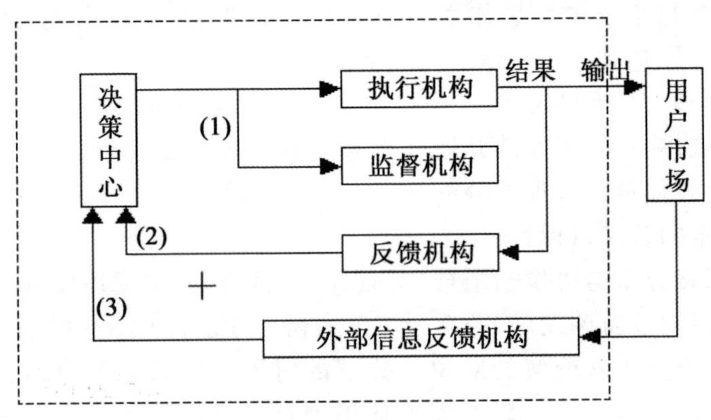

图 4-6 体育产业管理体系系统

在体育产业运营管理过程中合理遵循相对封闭原则，应正确认识管理系统存在的两大基本关系，具体分析如下。

(1)系统与外部相关系统之间的关系。系统不是孤立存在的，而是与外界发生着密切的联系，系统与外界之间存在着输入与输出的关系。体育企业的管理人员要处理好企业系统内部各要素以及企业内部与外部的相互关系，从而保证体育企业管理系统的正常运转。

(2)系统内部各要素之间的关系。体育企业的管理人员要把握系统内各要素的发展情况，管理好体育企业系统内的每一个环节的工作，充分发挥出系统整体的功效。

(三)竞争原理

体育运动比赛竞争激烈，在体育产业发展的过程中也同样存在着激烈的竞争行为。

在体育企业内部，一个良性的竞争可以有效激发工作人员工作的积极性，能充分挖掘工作人员的潜能，增进集体的团结，从而散发出集体的力量，获得更快的发展。在体育产业发展的过程中，加强竞争的主要目的在于增进工作人员彼此的交流、团结与合作，共同促进体育产业经营与管理效益的实现。

因此，作为体育企业的管理人员必须要高度重视竞争原理的运用，保证体育产业人才能各尽其能，实现体育企业经济效益的最大化。利用竞争原理时需要注意以下几个方面。

1. 竞争的标准和条件要一致

在体育企业发展的过程中，少不了竞争行为，任何竞争行为都是为了加强团结与合作，获得更好的发展。要想实现更好的发展，就需要建立一个规范的制度体系作保障，树立竞争的标准制度和条件，这样才能保证公平性竞争。

2. 评价或制裁要公平、公正

为保证体育企业单位的健康发展，要建立一个良好的评价或制裁制度，以提高企业员工的工作效率。制定的评价标准应当客观和公正。

3. 防止投机取巧、不正之风

体育企业管理人员要按章办事、依法办事，公平对待每一名员工，不能厚此薄彼。只有这样，才能激发员工工作的积极性，防止出现投机取巧等不正之风，保证体育企业经营活动的顺利开展，确保实现既定的企业效益。

（四）责任原理

在体育产业运营与管理过程中，要充分贯彻责任原理，将责任落实到个人。

1. 明确职责

在体育产业运营管理中，管理人员的分工非常重要，只有分工明确，才能明确职责划分，才能保证管理活动的顺利开展。

要实现体育企业管理的预期目标，必须做好管理的分工工作。如果工作混乱不堪，企业经营管理活动就无法顺利进行。体育企业管理者要制定严格的规章制度，明确所有员工的各项工作职责。管理工作要做到人尽其责、物尽其用。

2. 合理授权

职责与权力是统一的，明确了职责就应给予相应的权利，否则职责就无法兑现。在体育产业运营与管理中，授予权力应与其所承担的工作职位和任务相当，不能过度授权，否则就容易造成职权滥用的情况，不利于体育产业运营管理工作的开展。

3. 奖惩分明、公正、及时

体育企业的管理工作对于其健康发展至关重要。为保证体育企业管理工作的顺利开展，必须要建立一个奖惩分明的激励机制，才能充分调动员工工作的积极性，提高管理的效果和质量。

4. 责任管理制度健全规范

在体育产业运营管理的过程中，所有的参与者都要统一目标，并为这一目标共同努力，以实现体育企业的经营与管理效益，进而实现总目标。在实现目标的过程中，必须建立一套健全和完善的责任管理制度来规范员工的各种行为，明确员工的权利和职责，加强员工的科学管理。

（五）效益原理

所谓效益原理，是指在体育产业运营与管理的过程中，各个环节的工作都要注意经济效益与社会效益的结合，合理进行资源的优化与配置，以尽可能地创造最大的社会效益和经济效益。这对于体育产业的发展具有至关重要的意义。

实现社会效益和经济效益是体育产业管理的重要目标，为实现这两方面的效益，需要做好以下方面的工作。

1. 运营管理效益的评价

体育企业运营管理效益的评价没有一个统一的标准，主要依据体育企业行为的市场效应或者社会效应进行判断和评价。评价的主体既可以是企业负责人，也可以是外部人员。

(1)首长评价：评价具有一定的权威性，影响较大，但评价结果不够细致和具体。

(2)群众评价：评价较为公正，但花费时间较多，花费资金较大。

(3)专家评价：评价较为细致，但往往只注重直接效益而忽视间接效益。

通常情况下，不同的评价都有自身的优点和不足，不同的评价标准会得出不同的结论。因此，体育产业的经营管理要学会综合运用评价手段，以获得客观公正的评价结果。

2. 经营管理效益的实现

体育产业运营管理的根本目的是尽可能地追求效益，包括社会效益和经济效益两个方面。要想实现管理的效益，应注意以下几点要求。

(1)强调以提高效益为核心。

(2)加强体育产业运营管理者的思想管理，树立正确的管理理念。

(3)本着长远的目光看问题，不能为了眼前利益而忽略了企业的长期效益。

(4)要将企业的局部效益与全局效益充分结合起来进行。

(5)要将企业的经济效益、社会效益和环境效益结合起来进行。

(六)动态原理

所谓动态原理，是指在体育企业的运营管理中，注意把握运营管理活动和对象的变化情况，不断调节管理活动中的各个环节，以实现整体目标。

在体育产业运营与管理活动中，各种因素都是处于不断发展和变化之中，体育企业的运营管理决策要保持一个动态发展的态势，以适应企业内部与外部不断发展和变化的情况。

体育企业的管理在运用动态原理时，要注意以下几个方面的要求。

1. 合理运用反馈机制

所谓反馈，就是系统地把信息输送出去，又将其作用结果返送回来，并对信息的再输出起到调节控制作用的过程(图 4-7)。这一过程主要是通过信息反馈来控制系统行为过程，从而实现企业管理的预期目标。

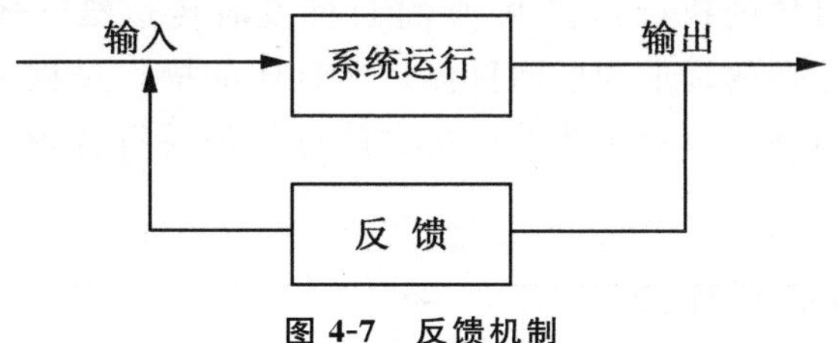

图 4-7　反馈机制

在体育产业运营与管理的过程中，运用反馈机制会造成不同的效果：一是会造成系统偏离目标的现象，这属于一种正反馈；二是系统偏离目标的运动收敛,导致系统趋于稳定状态的反馈——负反馈。通常情况下,运用负反馈的情况比较多。

2. 反馈与控制相结合

在体育产业运营管理的过程中,反馈与控制是密不可分的,二者的实现又都离不开信息。一切信息的传递都是为了控制,而反馈信息的正确与否则直接影响着反馈的结果及企业的控制。

3. 保持运营管理的弹性

在体育产业运营与管理的过程中,通常会遇到各种复杂的因素,从而影响管理的质量和效率,因此需要在管理过程中留有一定的余地,保持一定的弹性,这就是体育产业运营管理的弹性原则。

体育产业在运营管理的过程会受到各种内外部因素的影响,在这样的情况下,如果管理决策的弹性较大,就能做出适当的调整以适应市场的发展和变化;反之,如果弹性较小,就很难结合市场需求状况做出适应性的改变。因此,在体育产业运营与管理的过程中,要保持运营管理的弹性。另外,在管理的过程中,既要注意局部弹性,又要注意整体弹性,这样才能提高体育企业运营管理的质量和水平。

二、体育产业运营管理的理念

体育企业在进行运营管理的过程中,要遵循一定的理念,这些理念主要有目标管理理念、关系管理理念、知识管理理念、制度管理理念等,下面就对此进行重点的分析。

(一)目标管理理念

在体育产业发展的不同阶段,体育产业管理者都要制定合理而明确的经营目标。在具体的执行过程中,要将目标及时传达给下属,让本企业的员工充分了解企业的远期和近期目标。在具体的操作过程中,要深刻贯彻落实体育产业目标。体育企业的一切发展行为都要符合企业的总体目标,实现总体效益。

(二)关系管理理念

关系管理是指建立、协调和维系企业在市场经营中诸方关系的行为,在企业中建立良好的关系能协调各方面的活动,提高企业管理的效率,促进企业的健康发展。一般来说,在体育企业中主要存在以下几种关系。

1. 员工关系管理

作为体育企业来讲,要想实现企业的健康发展,就要协调处理好企业员工之间的关系,形成一个和谐融洽的工作氛围,这样才能促进体育企业经济效益的实现。在维护体育员工关系的过程中,可以采取一定的物质奖励和精神鼓励的手段,以建立和形成一个积极向上的内部关系,为员工营造一个良好的工作环境。

2. 客户关系管理

体育企业要想提高自身的核心竞争力,必须要处理好与客户之间的关系,在生产与经营的过程中,要将体育产业消费者作为企业经营的主要驱动力。

3. 伙伴关系管理

体育企业要想在激烈的市场竞争中占据一席之地,还要处理好与产品供应商及商业伙伴之间的关系,否则将会带来不利的影响。

企业关系管理学要求体育企业管理者应科学、协调处理企业与伙伴之间的关系,并重视运营管理活动中各方面的关系,这样才能促进体育企业的健康发展。

(三)知识管理理念

在当今知识经济时代,必须要树立知识管理的基本理念,对于任何领域和行业都是如此。知识管理是一门重要的管理学知识和管理理念,它是企业为实现现代化发展而进行的人力资源、技术资料、信息数据和创造性成果等要素的管理。

知识管理属于一个动态管理过程,主要包括知识获取、知识整合、知识吸收和知识应用等几个方面。一般来说,体育企业的知识管理主要依赖于企业内部驱动力(包括企业文化、高层支持、组织机构、信息化基础和激励机制)的推动,只有以上五个要素得到和谐发展了,体育企业才能得到持续健康的发展(图 4-8)。[①]

① 杨俊祥,和金生.知识管理内部驱动力与知识管理动态能力关系研究[J].科学研究,2013(31):258—265.

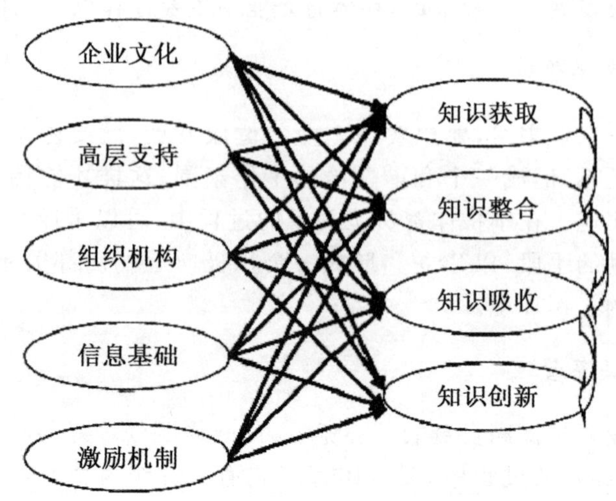

图 4-8 体育企业知识管理五要素

知识管理是指企业运营管理者对企业内部各种人、财、物及生产流程和营销系统等的管理。知识管理的内涵非常丰富,企业的品牌建设、知识产权保护等都属于其中重要的内容。

(四)制度管理理念

一个良好的管理制度对于体育企业的运营管理而言具有重要的意义和作用。体育产业经营企业要做好人才的选拔与培养工作,这样才能实现员工的价值,促进体育企业效益的提高。具体而言,体育企业要充分做好人力资源规划,合理优化与配置人力资源,实行绩效管理,充分激发员工工作的积极性,从而完成工作任务,实现体育企业的战略目标(图 4-9)。只有这样,才能促进体育企业的健康、持续发展。

(五)绿色管理理念

当前,人们的环保意识逐渐增强,在余暇时间,如果条件允许,人们普遍倾向于参与一些绿色消费活动,而体育运动便是这样一种绿色消费形式。因此,体育产业的发展也要遵循绿色管理的理念,不断开拓绿色消费市场,实施绿色管理。

发展到现在,体育产业与环境之间的关系越来越密切,如体育旅游业对自然资源的开发,体育赛事中体育场馆的建设和使用等都会带来一定的环境问题。在促进体育产业发展的过程中,要坚持绿色管理的基本理念,建立一个科学、实用的绿色管理体系,不断提高企业管理者的管理水平,促进体育企业经济效益和社会效益的实现。

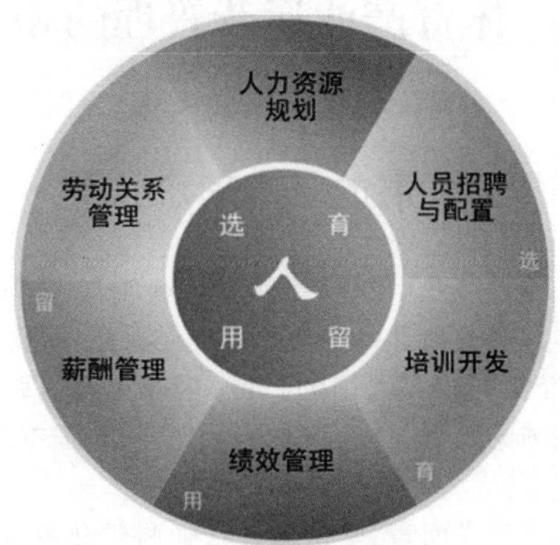

图 4-9　体育企业人才管理系统

（六）再造管理理念

再造管理的核心内容是满足体育消费者的需求，尊重体育产业市场发展的基本规律，避免体育产业资源的铺张和浪费。

秉持再造管理的基本理念，体育企业应结合企业的具体发展情况建立和完善企业的信息流、资金流、技术流等，建立一个科学和完善的企业运行机制，将企业与市场充分结合起来，设计出符合大众需求的体育产品，满足体育消费者的体育需求。

（七）非平衡管理理念

在传统观念下，企业经营者都追求一种平衡管理，但这种管理理念并不科学。实际上，任何企业在进入一定的发展阶段后，一旦各方面进入“平衡”状态，就会出现效率低下的情况。因此，要想促进体育企业的进一步发展，必须打破这种平衡状态。

在全球一体化发展的背景下，体育企业要始终保持发展和动态的眼光看问题，不断突破和创新，勇于打破平衡，保持企业创新的动力源泉，才能保持竞争的活力而不被市场淘汰。

第四节 体育产业运营管理的相关策略

一、坚持科学化发展的基本理念

科学化发展是体育产业运营与管理的基本理念，体育产业部门的管理者要协调处理好体育产业内部各种要素之间的关系，获得共同发展。

当前，我国已经实现体育大国的目标，但距离体育强国还有一定的距离。为实现体育强国的目标，需坚持科学化发展的基本理念，促进我国体育产业的科学化发展。

作为体育产业管理者而言，坚持体育产业科学化发展的理念需要注意以下几点要求。

(1)依据国家制定的政策与文件开展体育运营管理活动，将体育产业运营与经济建设、精神文明建设等结合起来进行，实现协调性发展。

(2)注重与大众体育、社会体育与学校体育的和谐发展。

(3)注重体育产业及产业管理方面的创新，如技术创新、组织创新等，创建良好的体育产业品牌，走品牌文化发展战略。

二、重视政府的宏观调控

在中国特色的社会主义市场经济条件下，体育产业部门的运营与管理需要国家政府的扶持。如果没有国家政府部门的大力支持，体育产业运营管理系统就很难运行起来。因此，必须要重视国家关于体育产业发展的宏观调控政策。

通常来说，要充分发挥政府的宏观调控作用应做到以下几点。

(1)政府利用社会各项资源优势和法律体系建立体育产业经营与管理的科学机制。综合运用法律、政策等手段进行体育产业管理的宏观调控，确保体育产业稳定、健康地发展。

(2)政府还可以通过制定政策提供产业导向，吸引社会各界力量参与体育产业部门的建设，吸引社会投资，建立多元化的投资渠道，为体育产业的发展提供充足的资金保障。

(3)我国政府应制定长远的体育产业发展战略，优化体育产业结构，加强体育产业资源配置，及时解决体育产业发展中的各种问题。

三、完善社会体育法制建设

随着现代社会的不断发展，我国社会主义法制建设进程逐步加快，依法治国成为我国的治国之本。通过一系列法律的制定和颁布，我国逐渐形成了一个日益完善的法律体系，这包括体育政策、法规体系等方面。体育政策体系的完善能为体育产业活动的开展提供必要的法律依据，人们参与体育运动或体育消费的权利也得到了法律的有力保障。因此，创建一个良好的有利于体育产业发展的法制环境是至关重要的。

四、提高体育企业自制能力

随着我国体育产业的不断发展，近年来涌现出了大量的体育企业，这些体育企业构成了体育产业市场的主体。体育产业运营管理部门是一个追求内部经济性和外部经济性双重目标的组织，其可持续发展应秉承公正为本的发展理念，为体育企业创造良好的竞争环境，努力提高体育企业的自制能力。需要注意以下三个方面。

(1)体育企业要注意与产业化经营开发的竞争环境之间的公正。

(2)体育企业要注意与其他企业展开公平的竞争。

(3)体育企业要注意与后发展的企业展开公平的竞争。

五、有组织地开放体育场馆

体育场馆建设对于体育产业的发展具有非常重要的意义，尤其是在我国体育产业发展的初级阶段，加强体育场馆建设更为重要。目前，我国体育场馆建设还存在着造血能力不足的问题。

我国大部分的体育场馆都是对外开放的，其中包括收费的体育场馆与免费的体育场馆。尽管参加体育活动的人有很多，但一般都是体育爱好者，他们参加的体育活动大都无计划、无组织，这极大地造成了体育资源的浪费。因此，需要相关部门加大宣传与推广的力度，重视体育场馆的建设，吸引体育消费者前来参与，这能极大地增加体育场馆的收入而广大的体育健身爱好者则拥有了稳定的健身活动场所，亦能确保体育场馆获得高利润。

六、优化体育物力和财力资源配置

(一)树立资源集约配置意识

在现代社会发展形势下,我们要转变旧有的管理理念,改变以往传统的粗放式体育发展思路,避免盲目地追求体育经济效益,要重视成本控制和收益调整,避免体育物力和财力资源的浪费,实现体育企业自身的良性发展。

(二)改革体育产权制度

在体育产业运营与管理的过程中,还要加强体育产权制度的改革与发展,明晰产权归属,建立一个合理的产权制度,避免出现交易不规范、交易效率低下等现象。要想改革传统的体育产权制度,需要管理者做好以下几个方面的工作。

(1)明确体育产权归属与责任。要明确体育产业中不同产权主体的职责,建立一个良好的管理机制。

(2)促进体育产权流动。采取各种手段促进体育资源实现优化配置,促进体育产业部门管理效率的提高。

(3)促进体育产权主体结构多元化。为促进体育资源产权主体结构的多元化发展,我国政府部门应采取必要的措施大力鼓励非国有体育经济组织的发展,鼓励个体、私营及外资企业等参与到体育资源配置中来,促进资源的合理配置与流动。

七、重视体育人力资源培养与保留

体育人力资源管理是对体育人力资源的选拔、培养、使用等方面进行有效整合,以充分发挥人才的价值,促进体育产业组织目标实现的过程。[①]

在体育产业快速发展的今天,体育产业市场之间的竞争越来越激烈,而企业之间的市场竞争归根结底在于人才的竞争。因此,要促进我国体育产业的健康持续发展,就必须要重视体育产业人力资源的挖掘与培养。近些年来,我国体育产业各部门经营与管理人员的整体素质有了明显的改善和提高,这对于我国体育市场与体育产业的发展是非常有利的。但与其他

① 肖林鹏.体育管理学[M].北京:北京师范大学出版社,2011.

发达国家相比,我国体育产业经营与管理人才无论在数量还是质量方面都比较欠缺,突出表现为管理人才匮乏、人员综合素质不高、专业基础较差等。因此,在未来的发展中,必须要借鉴与参考国外发达国家关于体育产业管理人才培养的经验,加强我国体育产业人才的培养与管理。

(一)大力培养体育人才

学校教育是培养体育人才的重要途径。相对于其他形式,学校教育比较正规,注重理论与实践教学的结合,同时学校中还有着大量的教学资源,通过教师的授课,学生能学到丰富的知识,取得良好的教学效益。

校外教育也是培养体育人才的重要阵地。一般来说,校外教育与就业直接挂钩,具有很强的针对性,比较注重体育人才实际技能的培养,并且这一培养形式具有时间短、形式灵活的特点,能培养出高质量的专业对口型体育人才。

在众多的体育人才培养路径中,"继续教育"也是一个值得推广的途径。这一途径对体育人才的培养一般由体育组织或体育部门举办,培养的对象和内容主要是成员的入职教育、在职人员的提高教育等。

(二)重视体育人才的保留

在培养体育产业人才的过程中,不仅要提高人才培养的质量,还要加强体育人才的管理,避免出现体育人才大量外流的情况。因此,为杜绝这一情况的发生,应注意以下几个方面。

(1)为体育人才提供良好的物质待遇。在大多数情况下,经济收入往往成为衡量一个人地位、能力和成就的标准,因此,只有满足体育人才的物质需求,才能保证体育人才不会大量外流。

(2)提升体育人才的社会地位。如果一个人拥有较高的社会地位和职业声望,就会带来极大的自信心和自豪感,这能有效激发体育人才工作的积极性。

(3)大力发展事业留住人才。随着体育人才自我满足的实现,他们就会产生更高层次的需要,在这样的情况下,要大力发展事业,提高人才工作的积极性,通过事业的发展来留住人才。

(4)以规范的制度留人。对于体育事业单位或体育企业而言,要想实现健康的持续发展和进步,就必须要建立一个规范的制度,这样才能约束单位或企业部门人员的行为,制度也是留住体育人才的重要保证。

(5)人文关怀留人。对于体育事业单位或体育企业而言,要建立一个丰富的文化氛围,拥有自己的企业文化,这样才能增强人才的归属感,促使人才安心地参加工作。

八、坚持借鉴和创新相结合

与国外发达国家相比，我国体育产业发展的时间较短，当前还处于一个摸索与初步发展的阶段，会遇到各种各样的问题。要想实现我国体育产业的健康持续发展，除了分析自身原因，采取有针对性的解决措施外，还应借鉴和参考其他国家的经验与成功模式，并结合单位或企业自身发展特点与条件，寻求一条适合自身体育产业发展的特色化道路。

第五章　体育产业核心层各类行业的经营与管理研究

体育产业的核心层主要包括体育赛事、体育俱乐部、体育健身休闲、体育场馆等内容，这几类体育产业的发展对于我国体育市场的发展和完善具有重要的意义。随着我国竞技体育及全民健身运动的不断发展，当前我国体育产业取得了一定的成绩，但与发达国家相比仍然存在着不小的差距，需要我们加大体育产业的研究及投入，吸收和借鉴发达国家的先进经验，并结合我国体育产业的具体实际，走一条体育产业发展的特色化道路。

第一节　体育赛事的运作与管理

一、体育赛事的概念

体育赛事是指以体育比赛为核心的一系列活动的总称。[①] 体育赛事属于一项比较复杂的社会活动，其中涵盖的内容较多，如赛事筹备与策划、组织与管理、赛事营销、赛事规则制定、赛事赞助与广告策划、赛事吉祥物设计与产品售卖等各种活动。这些活动都会在一定程度上影响着体育赛事的成功举办，因此作为赛事管理者而言，必须要重视每一个环节的工作。

对于体育赛事概念，不同专家都有自己不同的见解（表 5-1）。

表 5-1　国内学者对于体育赛事的界定

学者	时间（年）	体育赛事概念界定
叶庆辉	2003	体育赛事是一种具有项目管理性的特殊事件，具有组织文化背景和市场潜力，提供竞赛产品和相关服务，迎合不同参与体分享经历的需要，以实现多种目的

① 肖林鹏，叶庆辉．体育赛事项目管理[M]．北京：北京体育大学出版社，2005.

续表

学者	时间(年)	体育赛事概念界定
肖林鹏	2005	体育赛事是以体育比赛为核心的一系列活动的总称
李南筑	2006	体育赛事是以人体运动为载体,用比较决定胜负,最终给出公开排名的事件
李颖川	2008	体育赛事是一项复杂的社会活动,包括体育比赛的筹备、组织、实施等各项活动,还涉及门票促销、运动员包装、媒体推广、赞助、广告、标志品开发等活动

综上所述,体育赛事的特征可以归纳为以下几个方面。

(1)体育赛事具有一定的社会效益和经济效益。

(2)体育赛事能在社会上产生广泛的影响力。

(3)体育赛事能吸引大量的体育爱好者或消费者参与其中,形成一种文化现象。

(4)体育赛事管理活动内容丰富,形式多样。

尽管诸位专家及学者对体育赛事的概念都有自己独特的见解和看法,但大部分学者都同意体育赛事是一项活动。这一活动的主体是通过外部表现出来的,由众多参与者组成而进行的有目的、有组织形式的一种文化活动。随着竞技体育运动的高度发展,具有影响力的体育赛事越来越多,这极大地丰富了体育赛事的内涵,体育赛事也因此呈现出多元化发展的趋势。但需要注意的是,体育赛事无论如何发展,比赛都是其最为重要的组成部分。

二、体育赛事的类型

根据不同的标准,体育赛事可以划分为不同的类型。

(一)按照比赛对象与标准划分

(1)按照参赛者年龄划分。儿童比赛、少年比赛、青年比赛、成年比赛和老年比赛等。

(2)按照参赛者行业划分。职工运动会、农民运动会、军人运动会、学生运动会等。

(3)按照参赛者身体状况分类。正常人比赛、残疾人比赛和智障人比赛。

(4)按照赛事数量项目分类。综合性比赛及单项比赛等。

(5)按照比赛组织形式分类。集中组织的比赛和分散组织的通讯赛等。

(6)按照赛事制度化程度分类。非正式赛事、半正式赛事、正式赛事、职业赛事等四种。

(二)按照赛事规模划分

按照体育赛事的规模进行分类,可将体育赛事分为以下几种类型(表 5-2)。

表 5-2　体育赛事不同类别的典型案例与主要特征

赛事类型	典型案例	主要特征
超大型综合赛事	奥运会、亚运会、全运会等	规模最大、水平高、影响最大、周期性较长
大型综合赛事	城市运动会、农民运动会、大学生运动会等	规模大、水平一般、影响力较大,周期性明显
单项顶级赛事	世界杯足球赛、国际田联世锦赛等	水平最高、规模大、影响力较大、周期性明显
单项品牌赛事	美职联、欧洲五大联赛、网球公开赛等	水平最高、规模一般、影响最大、赛事周期长
单项商业赛事	各类邀请赛、对抗赛、擂台赛等	具有明显的明星效应,获得经济利益的目的性较强
一般赛事	大众马拉松运动、各类体育节日、民俗体育活动等	规模大、水平一般、大众参与程度高

(三)按照赛事性质与任务划分

(1)运动会。不同参赛国家、地区关于体育实力的综合较量。特点为规模较大、项目较多、竞技水平最高,具有较大的社会影响力及辐射能力。

(2)冠军赛或锦标赛。一定范围、一定规模的单项比赛。这一类赛事在行业或某一范围内具有一定的影响力,运动员的竞技水平也较高。

(3)对抗赛。由两个或两个以上单位联合举办的对抗性记分比赛,其目的是提高训练与比赛水平。

(4)邀请赛。一个单位主办,邀请其他单位参加的赛事。举办这一赛事的目的是加强运动队或运动员的沟通与交流，并获得一定的经济利益。

(5)选拔赛。为选拔高水平的参赛选手而组织的一类比赛，如我国的乒乓球奥运选拔赛。

(6)等级赛。按竞技水平或运动等级划分的一类比赛，如英超联赛、英甲联赛、英冠联赛等。

(7)友谊赛。为互相观摩、学习，促进双方友谊而设的比赛。

(8)表演赛。为庆祝某一活动而组织的一类比赛。这一赛事的主要目的在于表演，而不是追求运动成绩。

(9)达标赛。为争取达到某一项目的竞技水平而组织的一类比赛。如运动员达标赛，群众参加各种考试标准的达标赛等。

三、体育赛事的经营与管理

体育赛事的经营管理，是指管理者通过一定方式整合资源，以实现体育赛事目标的活动。体育赛事活动的顺利举办，离不开管理者的运营，因此建立一个科学的体育赛事运营体系是非常重要的。

(一)体育赛事经营管理的基本内容

体育赛事的经营管理是一个通过对目标市场分析，提高赛事质量，吸引观众、媒体和赞助商等群体的积极参与，从而实现预期目标的过程。

1. 基本管理内容

(1)成立体育组织。体育组织是体育赛事经营管理的重要主体，体育组织的建立能保证体育赛事的顺利举办。一般来说，体育组织主要分为营利性组织和非营利性组织两大类。

(2)遴选承办地。承办地的选择要讲究一定的标准，主要通过两种方式来遴选体育赛事的承办地，一种是具有一定承办能力的组织轮流承办；另一种是意向者统一申请，进行投标获得承办权。

(3)计划赛事。计划赛事的主要目的是保证体育赛事活动合理、有序地进行，避免赛事举办期间发生冲突。一般情况下，体育赛事计划主要包括赛事名称、性质、项目设置、选手资格、赛期、赛制、竞赛规程等内容。

(4)实施竞赛。实施竞赛属于体育赛事管理的具体执行内容，在实施竞赛时，管理者要创造一切有利的条件确保赛事顺利进行。

2. 产品以及服务

通常来说，体育赛事产品主要分为无形产品和有形产品两大类，体育赛事管理者及赞助者可以通过这两类体育产品的开发来获得利益，包括经济效益和社会效益。提高体育赛事的收入，从而实现经济收入的预期目标。总体来看，体育赛事经营的产品及服务主要有以下几种。

(1)电视转播权。出售电视转播权是赛事管理者获得经济收入的重要来源。当前随着职业体育运动的高度发展及转播效果的提升，形成了一些完整体系的赛事产业，如“美职篮”“英超联赛”“F1 大奖赛”等，这些赛事吸引了大量的观众，带来了巨大的转播收益。

(2)广告与赞助。广告与赞助是体育赛事经营管理的重要内容。赞助商通过赞助能扩大自己的品牌效应，从而获得最大的经济利润，而赛事管理者则通过赞助商获得丰厚的经济利益。赛事广告属于赞助的重要内容，当前体育赛事的广告逐步扩展到各个层次，广告设计的好坏将直接影响到公众的审美品位和参与度。

(3)门票。门票销售是体育赛事的重要收入来源，作为体育赛事组织者要利用一切可以利用的手段销售门票，扩大门票的销售渠道，吸引更多的赛事目标人群参与到体育赛事活动中。

(4)特许商品及指定服务。当前，特许商品开发与指定服务(如交通、印刷、通讯等)都属于体育赛事管理中的重要内容，赛事管理者要重视赛事产品开发与服务质量的提高。

(二)体育赛事经营管理的组织体系

要想实现体育赛事的目标，就要建立一个有效的分工和协作关系的结构，并在各个岗位配备合适的人员，组织内的人员通过密切的合作与配合，形成一种组织框架或结构，即体育赛事经营管理的组织体系。

1. 组织结构形式

(1)单一型组织结构。在赛事规模较小，参赛者数量较少时，可采用这一类型的组织结构。

(2)职能型组织结构。按照体育赛事职能课将组织分为若干个部分，职能型的组织结构要求工作人员必须具备较高的专业化水平。

2. 组织结构体系

一般来说，体育赛事的组织结构体系主要包括赛事参与体、运动项目和赛事活动形式三个部分。①

(1)赛事参与体。赛事参与体是体育赛事举办的重要依据和基础,如果没有了赛事参与体,任何赛事活动都无法进行。个人、社团、政府、企业等都属于重要的赛事参与体。

个人:个人是体育赛事的重要参与体,他们是体育赛事承办方的服务对象,同时也是体育赛事的支持者,也是体育赛事产品的消费者,与体育赛事之间的关系极为密切。

政府:泛指行使行政职能的一切机构(如各级体育局、运动管理中心等)。这些部门具有一定的行政执法、行政决策等权利,在体育赛事体系中扮演着重要的角色。

企业:在体育赛事中,企业可以充当除政府职能的全部职责,他们可以扮演不同的角色,既可以是赛事的承办方,也可以是体育赛事产品的提供者。

社团组织:社团组织既可以是体育赛事的主办方、承办方,也可以是球队俱乐部的法人、股东。

(2)运动项目。运动项目是体育赛事的基础,影响力较大,具有高水平运动员的运动项目往往能吸引大量的观众、赞助商和体育媒体等的关注。

(3)赛事活动形式。

(三)体育赛事经营管理的基本方式

1. 制订赛事的计划

制订一个科学合理的体育赛事计划对于体育赛事的顺利举办具有至关重要的意义。因此,体育赛事组织与管理者要将其作为一项重要的工作。通常情况下,体育赛事计划的制订需要遵循以下步骤。

(1)深入了解赛事相关信息。做好全面的调查与分析,归纳总结当前体育赛事的发展现状,找出其中存在的问题,预测赛事发展前景与走向。

(2)制订比赛方案。体育赛事方案主要包括:比赛形式、比赛时间、比赛地点、承办单位、赛事规模,赛事持续时间、赛事文化、赛事特色等内容。

(3)编制比赛计划,做好赛事筹备。经过细致的研究与分析,得出体育赛事的综合评估,编制出具体的赛事计划,按照赛事计划开展各项工作。

---

① 杨铁黎. 体育产业概论[M]. 北京:高等教育出版社,2010.

2. 赛事组织与管理

体育赛事的组织与管理主要包括赛前管理工作、赛中管理工作与赛后管理工作三个部分。

(1)赛前管理工作。

1)确定组织方案。内容主要包括体育赛事名称、体育赛事主要任务、体育赛事的时间与地点、体育赛事规模等。

2)制定赛事规程。内容主要包括体育赛事项目及组别、体育赛事的参赛单位、运动员参赛资格及体育赛事相关办法等。

3)建立赛事组织机构。通常来说,赛事组织机构主要采用委员会制的基本形式。委员会下设办公室、保卫处、后勤处等多个部门,保证赛事活动的顺利进行。

4)拟定工作计划与行为准则。主要包括赛事工作计划、宣传工作计划、安全保卫工作计划和财务计划、参赛人员管理计划等内容。

5)制定赛事秩序册。赛事秩序册是体育赛事顺利进行的重要依据和保障,赛事管理者要在赛前制定好并下发给赛事参与人员。

(2)赛中管理工作。

1)开幕式的组织。基本流程为:宣布开幕式开始,奏乐升旗,致开幕词,运动员代表讲话,裁判员、运动员退场,开幕式表演开始,宣布丌幕式结束。

2)赛事活动的管理。赛事管理者要指定相关人员做好体育赛事活动的管理工作,及时处理赛事中的各种问题,确保赛事活动的顺利进行。

3)人员管理。裁判员、运动队(员)及参赛观众构成了体育赛事的主体,加强以上人员的管理能确保体育赛事的顺利开展。

4)闭幕式的组织。基本流程为:宣布闭幕式开始,裁判员、运动员入场,宣布比赛成绩和获奖者名单,发奖,致闭幕词、宣布大会闭幕,闭幕式表演开始,宣布闭幕式结束。

5)后勤管理。赛事参与者的住宿、餐饮、沐浴、交通等都属于重要的后勤管理的内容,体育赛事的相关工作人员一定不要疏忽这一方面的工作,否则将会影响体育赛事的顺利进行。

(3)赛后管理工作。

1)各运动队(运动员)离赛,工作人员展开后续工作。

2)体育比赛用品的处理工作。

3)体育赛事的财务决算工作。

4)整理体育赛事的相关资料。

5)召开赛事新闻发布会。

6)赛后的评比表彰工作等。

3. 赛事收尾与评价

(1)体育赛事的收尾工作。

1)体育赛事的平衡账目工作。

2)体育场馆的各项清理工作。

3)体育赛事借调的相关人员返回原单位。

4)各种体育设备的处理。

5)体育赛事财务结算工作。

6)致谢赛事工作人员活动。

7)办理运动队(运动员)离赛手续。

8)汇编、寄发比赛成绩册和其他技术资料。

9)填报运动员比赛成绩。

10)整理体育赛事相关资料。

11)编制和印发运动队(运动员)的赛事成绩。

12)向媒体发布体育赛事相关情况。

13)撰写体育赛事工作总结。

14)评比表彰工作,对所有参赛人员致以谢意。

(2)体育赛事的评价工作。

1)观察、测量和监视体育赛事,做好客观的评估工作。

2)为体育赛事参与者提供信息反馈,并提出合理化的建议。

3)为体育媒体提供相关的技术资料。

四、体育赛事营销策略

(一)电视转播与体育赛事营销

发展到现在,电视早已获得了普及。电视转播属于大众传播的一种形式,体育赛事作为体育的特殊形态,长期以来与电视转播有着不可分割的关系。随着高新技术在电视领域内的运用,电视与体育赛事之间的关系越来越密切。

1. 电视转播的特点

(1)电视是视听合一的媒介。人们通过视觉和听觉能获得知识与信息。

(2)电视现场感强,形象真实,可信度高。

(3)电视的时效性强。电视可以在第一时间,同步将体育赛事现场转播。随着科学技术的发展,电视信号覆盖率提高,电视的时效性将进一步加强。

(4)电视转播具有再现画面和事实的特点,便于人们反复观看。

(5)电视转播有着广泛的受众层面,能满足不同观众的观看需要。

(6)体育赛事组织方可以通过出售电视转播权获得丰厚的经济利益。

2. 电视转播与体育赛事之间的关系

电视转播与体育赛事之间的关系非常密切,下面主要从两个方面来分析。

电视转播方面:

(1)电视台向体育赛事举办方买断体育赛事转播权,在满足人们参赛需要的过程中,从中获取一定的经济利益。

(2)对电视转播方来说,体育赛事不仅丰富了节目内容,还吸引了观众资源和广告资源,从而能获得较大的经济利益。

体育赛事组织方面:

(1)对于体育赛事组织者而言,通过电视转播,不仅能获取经济利益,还能宣传赛事品牌,提高赛事的影响力。

(2)电视转播拉近观众与赛场之间的距离,培养了大量的体育运动爱好者和体育消费者。

3. 体育赛事与电视转播权的营销模式

目前,常见的营销模式主要有以下几种,作为体育赛事组织方而言,要认真研究,加强与电视台的合作。

与电视台合作经营的模式是最为常见的一种。以足球为例,最初足球产业主要靠销售门票和优秀运动员来支撑和发展,后来随着体育产业市场的不断发展,销售足球比赛电视转播权成为足球产业的主要内容。其主要特征是:成立赛事公司,并与一电视台合作,面向全国,实施统一营销模式。

除此之外,直接销售给电视机构、中介机构缴纳保证金代理销售、体育组织联合销售等模式也较为常用,赛事举办方可以结合赛事的特点合理选择。

4. 电视营销的技巧

当前，具有较大影响力的体育赛事越来越多，通过电视转播观看赛事的人也越来越多，因此利用电视进行营销是一种非常重要的手段。电视台受广告利益的驱动，一些体育赛事必须要符合特定的标准才能引起电视台的重视。赛事举办方要加强与电视台的沟通与交流，积极宣传赛事，让电视台对体育赛事本身有一个深刻的了解，双方达成共识后要签订相关的协议。在某些时候，赛事举办方也可以直接向电视台购买转播时间，这也是一种必要的选择。

总的来说，赛事举办方要十分注意赛事的宣传与推广，确保赛事有出名运动员参与；推广高质量的体育赛事，吸引大量的拥有实力的广告商与赞助商，共同协商营销计划。

(二)利用赞助商服务进行体育赛事的营销

在体育赛事营销中，利用赞助商进行营销是一种较为常见的策略。赞助商通过对体育赛事的投资来获得赛事的赞助权，在赛事举办期间可以通过广告等形式来宣传本企业或公司的产品或服务，从而提高社会影响力。而体育赛事举办方也能通过赞助商获得不菲的赞助费用，从而保证赛事活动的顺利举办。

以奥运会为例，可口可乐公司历来都是奥运会的赞助商，借助奥运会这一具有全球影响力的赛事，全世界都能认识到可口可乐公司的实力，扩大了全球影响力。

(三)利用运动员进行体育赛事营销

运动员是体育赛事的核心内容，没有了运动员，体育赛事也便无法进行。因此，在重大的商业性体育比赛中，吸引著名的运动员参加比赛，组织黄金联赛，设立大奖，是组织体育赛事的重要工作，也是取得经济效益的一项重要手段。

在基层体育赛事中，可以设立丰厚的奖励以表彰取得优异成绩的参赛者。例如，北京市中学的“振兴中华杯”的传统比赛，就是与耐克公司结盟，吸引广大青少年参与篮球运动。由于比赛与青少年的运动等级有关，因此，比赛的激烈程度、吸引社会关注的程度会更高。

(四)利用门票进行体育赛事营销

出售体育赛事门票是获取经济利益的重要手段。利用门票进行体育赛事营销，首先就要结合实际情况确定门票的价格。而要确定票价，就必须考虑到赛事的类型和目的、总体的支出、赞助费的多少、比赛的地点、预期的需求以及当地的竞争等各个方面。

当前，大型体育赛事的门票销售，多由体育赛事主办单位委托专业公司代理。获得赛票代理权的公司，一般通过广告，或目标市场内特定个体的姓名，或团体取得联系，通过优惠的方式销售出一部分赛票。其余，以零售的方式销售。

对于体育赛事举办方而言，出售体育赛事门票也要掌握一定的营销技巧。应根据目标受众的规模以及时间跨度，制定赛票销售类型，例如，电话营销、互联网营销、直接邮寄、面向个人的销售等。又例如，如果赛事的举办临近假期（如圣诞节或者母亲节、父亲节），则可以利用明信片的形式，鼓励人们购买赛票作为节日礼物。例如，购买赛票与赛场停车、购买专卖品优惠捆绑等。

出售端区或其他不太受欢迎区域的坐票，应该建立端区优惠的理念，不仅价格便宜，而且可以得到更多的服务或者礼品。这些礼品不一定来自赛事组织者，更多可能来自赞助单位。

附带活动促销和主题促销是鼓励赛票销售的两种附加技术。附带活动促销是指在参与者获得收益之前，由参与者或者运动员所进行的某些活动。主题活动意在把那些可能不是资深体育迷的人们吸引到赛事中来，并且使其获得比较愉悦的经历。这样，他们以后还可能再来，如此就能获得丰厚的经济利益。

（五）利用媒体进行体育赛事营销

要想获得理想的体育赛事营销效果，须加强与媒体的协作。体育赛事营销人员应花时间结识新闻人员和广播人员并与之建立私人感情，这是十分必要的。因为存在着这种重要的私人关系，对方就可能给我们打电话，我们也找到了具有接受能力的倾听者。因此，绝对有必要留出时间与目标媒体接触，不仅仅在赛事开始前的一两天，而是一年到头持续不断。通常在一段时间之内，媒体也需要有人对它们进行说服工作或者“打磨”。

体育赛事推广者还应加强与媒体的沟通与联系，向有关媒体提供关于体育赛事的详细资料，以便媒体的编辑或者记者更好地认识体育赛事，更好地评价赛事是否适合观众观看。作为赛事组织者和各类体育媒体，应重视事物的创新性，善于打造各种新闻事件，以吸引人们的目光，有时候体育赛事新闻事件甚至能上升为整个社会的热点。

作为体育赛事举办方,在组织与营销体育赛事的过程中,要建立必要的新闻中心,最大限度地利用媒体。当媒体被吸引并来到赛事之后,毫无疑问,应该向它们提供最高水准的服务。这些服务应该既包括技术支持又包括对个人的接待。技术支持包括准备好电话、电脑接入设备、复印机,甚至要有闭路电视等。个人支持包括优先获得食物和饮料、休息室、住宿以及交通等服务。发展到现在,科学技术日益发达,体育媒体也越来越先进,利用媒体进行体育赛事营销成为重要的手段。

第二节　体育俱乐部的经营与管理

一、体育俱乐部的概念

体育俱乐部,是指实行独立核算、自负盈亏的一种体育经营实体或体育组织(社团组织)。一般来说,各类运动、健身、休闲、娱乐、竞技及其他配套服务产品是体育俱乐部主要经营的产品。[①]

二、体育俱乐部的类型

综合当前体育俱乐部的发展概况,可以将体育俱乐部分为商业体育俱乐部、业余体育俱乐部以及职业体育俱乐部三种类型,每一种体育俱乐部在体育产业发展中都起着重要的作用。

(一)业余体育俱乐部

在群众中开展体育活动并进行自治的体育团体就是业余体育俱乐部,业余体育俱乐部是我国群众体育的重要形式,在全民健身中也扮演着重要的角色。业余体育俱乐部的建立需要具备以下基本条件。

1. 自身条件

(1)要做好预算,具备必要的启动资金。

(2)组织团体内要有强有力的领导核心。

(3)运动场地、运动设施、运动装备等要齐全。

---

① 钟天朗．体育经营管理:理论与实务[M]．上海:复旦大学出版社,2004.

(4)具备一定的挂靠单位。

(5)适宜的运动项目,并具有一定的群众基础。

2. 体育条件

(1)在全国具有统一的体育组织,能统筹安排业余体育俱乐部的各项业务,保证体育俱乐部的顺利运作。

(2)具备一定数量的业余体育专业人员和俱乐部管理人员。

(3)体育场馆的数量要充足,质量也要达到要求。

(4)具有完善的竞赛制度,能充分调动各级体育组织的积极性。

3. 社会条件

(1)社会经济水平提高,人民生活水平得到改善和提高。

(2)人们的休闲和业余时间比较充足。

(3)政府的大力支持。

(4)社会环境安定。

(二)商业体育俱乐部

以提供健身、休闲、娱乐等服务为目的,以商业性健身娱乐设施为活动场所,通过对市场机制和利益机制加以运用而运转的会员制群众体育俱乐部就是所谓的商业体育俱乐部。①

随着社会经济的发展,人们的生活水平也得到了改善和提高,这就为人们参加体育俱乐部活动提供了必要的经济基础。在拥有一定经济基础上,人们对健身活动的需求越来越高,对业余体育俱乐部的服务也提出了更高的要求。目前,我国大部分业余体育俱乐部在场地和设备方面不够完善,健身活动内容也比较单一,缺乏专业的指导人员,无法满足各类会员的健身需要。在这样的背景下,商业体育俱乐部就产生了。商业体育俱乐部能为不同年龄、不同层次的消费者提供专属服务,满足其个性化的健身需求,因此获得了良好的发展。

(三)职业体育俱乐部

将职业体育竞赛及其相关产品作为商品组织生产经营的体育经济实体就是所谓的职业体育俱乐部。职业体育俱乐部的基本特征是追求盈利、

① 钟天朗. 体育经营管理:理论与实务[M]. 上海:复旦大学出版社,2004.

自主经营、自负盈亏、法人资格独立①。一般来说，职业体育俱乐部主要分为企业独资型俱乐部、联办合作型俱乐部、联办股份型俱乐部三类。职业体育俱乐部所从事的运动项目必须要有一定的群众基础，这是非常重要的一个方面；另外还要具有激烈的竞争形式和比赛内容，能吸引广大的观众。只有具备这两个方面的条件，职业体育俱乐部才能获得健康、持续的发展。比较具有代表性的有篮球、足球、高尔夫球、网球、赛车等职业体育俱乐部。

三、职业体育俱乐部的管理

职业体育俱乐部的管理是一项复杂的工作，涉及诸多元素。加强职业体育俱乐部的管理对于体育产业的发展具有重要的意义。

（一）围绕政府职能进行管理

1. 政府管理应遵循的原则

在职业体育俱乐部管理体系中，政府起着重要的宏观调控作用。当前我国市场经济对职业体育俱乐部的管理存在着一定的缺陷，而政府通过宏观调控能在一定程度上弥补这一缺陷。政府对职业体育俱乐部的管理也需要遵循一定的原则。第一，政府必须遵循市场机制和发展规律。第二，在遵循市场机制的基础上，政府要采取针对性手段促进市场机制调节功能的充分发挥。

2. 政府管理职业俱乐部的方式

政府对职业体育俱乐部的管理主要通过市场进行间接管理。

(1)构建职业体育俱乐部科学发展的经营管理体系，遵循“政资分开，政俱分开”的基本原则。

(2)积极培育体育竞赛表演和相关市场，维护市场秩序，加强监督。

(3)通过法律手段，税收政策等引导职业体育俱乐部的健康发展。

（二）职业体育俱乐部的行业自律管理

在职业体育俱乐部经营中，还要加强俱乐部的行业自律管理，这一环节非常重要，是必不可少的。因为，建立一个自律机制能保证体育俱乐部的各项活动有条不紊地进行。在竞技体育发展的今天，很多体育项目都走

① 钟天朗．体育经营管理：理论与实务[M]．上海：复旦大学出版社，2004.

上了职业化道路。对于职业体育俱乐部而言，联赛或者联盟是对这些俱乐部进行管理的主要组织形式，这一组织形式被众多的国家所采纳。通过联赛或者联盟的管理，能规范体育俱乐部的发展，确保各体育俱乐部的利益，从而促进体育俱乐部更加健康的发展。

（三）建立科学完善的管理制度

为保障我国职业体育俱乐部的顺利运作，还需要建立一系列的完善的管理制度。其中，加强内部管理和联赛监管是非常重要的内容。

1. 内部管理制度

（1）建立规范的规章制度。制定的规章制度要符合市场经济发展的要求，便于俱乐部运作与管理。

（2）建立一套完善的俱乐部组织制度。财务会计制度、工资分配制度、民主管理制度以及员工聘用制度等也是重要内容。①

2. 联赛监管制度

（1）联赛准入制度。建立一个符合市场发展的俱乐部联赛准入制度，对于保证联赛的正常运作至关重要。要认真全面地评估新成员的品质、经营状况以及运作规范等，制定一个客观的标准。

（2）运行过程的监管制度。建立一个俱乐部运行的监督制度对于职业体育俱乐部的发展而言也非常重要，它能引导职业体育俱乐部的科学运作与发展。

四、业余体育俱乐部的管理

业余体育俱乐部的管理主要包括内部管理、外部管理两个部分。

（一）业余体育俱乐部的内部管理

在业余体育俱乐部的内部管理中，大部分俱乐部都采取自我管理的方式。这一方式主要是通过选举来选拔俱乐部的管理者，然后设立各种岗位，为俱乐部的运转展开各种活动。在全民健身热潮下，在体育运动不断发展的背景下，业余体育俱乐部的发展势头非常迅猛，当前我国的业余体育俱乐部获得了不错的发展。一般来说，业余体育俱乐部也有一定的组织

① 李万来．体育经营管理概论[M]．北京：人民体育出版社，2006.

机构，机构内的成员主要包括主席团、管理顾问和咨询委员会、成人体育部、青少年体育部、管理部、市场部、场地部和财务部等。[①] 这些成员各司其职，与组织内其他成员的沟通与联系非常密切，共同推动着业余体育俱乐部的发展。

（二）业余体育俱乐部的外部管理

业余体育俱乐部的发展水平在一定程度上反映了一个国家的体育社会化水平，国家体育事业的发展离不开业余体育俱乐部的建设与发展。因此，当前业余体育俱乐部的发展受到了国家和政府各部门的大力支持。

业余体育俱乐部的外部管理主要是指国家的宏观调控，具体的手段主要有行政手段、财政手段、法律手段等。例如，制定体育俱乐部发展规范；制定体育俱乐部兴办的条件；制定体育俱乐部发展的优惠政策；为促进体育俱乐部发展而制定的税收政策等。这些政策的制定都对业余体育俱乐部的发展起到了重要的作用。

通过业余体育俱乐部的内部与外部管理，俱乐部的运作与发展有了重要的保障，包括运行机制保障、制度保障、经济保障等各个方面，从而推动业余体育俱乐部健康、稳定地发展。

第三节　体育健身休闲业的经营与管理

2016年10月25日，中共中央、国务院印发了《“健康中国2030”规划纲要》（以下简称《纲要》），目的是推进健康中国建设，提高人民健康水平。《纲要》第十九章中指出“积极发展健身休闲运动产业”，鼓励社会各种力量投入体育健身休闲产业的建设之中，促进我国全民健身及体育产业的发展。

一、体育健身休闲产业的经营内容

（一）体育健身休闲项目经营

体育健身休闲产业是随着现代社会发展而出现的一种新型产业模式。当前，随着我国全民健身运动的广泛开展，我国体育健身休闲市场体系初

① 钟天朗．体育经营管理：理论与实务[M]．上海：复旦大学出版社，2004.

步建立，器械健身、体育舞蹈、各种休闲球类运动、健身气功、跆拳道等成为重要的体育健身项目，也成为体育健身休闲市场的重要内容。

在社会上，可供居民参加的体育健身休闲项目非常之多，这为体育健身休闲产业的运营奠定了良好的基础。据相关调查表明，当前，保龄球、网球和健美运动成为我国体育健身的热点项目，深受健身爱好者的青睐。①

需要注意的是，经营体育健身休闲项目需要配备一定的体育设备，否则健身活动就无法进行。现阶段，我国体育健身休闲市场的设施能基本满足健身爱好者的需要，体育健身设施的配置程度与经营项目总体上相适应。

（二）健身休闲服务设施经营

在体育健身休闲产业发展的过程中，服务设施的经营工作至关重要，因为它是体育健身休闲产业发展及健身活动开展的重要基础。在建设或经营体育休闲服务设施的过程中，要根据消费者的需求而定，同时还要充分发挥健身休闲设施的各种功能，为消费者提供优良的服务。

二、体育健身休闲产业经营的基本要求

（一）结合社会效益与经济效益

与体育产业相同，体育健身休闲产业具有重要的经济价值与社会价值。因此，经营管理人员要充分认识到体育健身休闲产业的这一价值，开展的各项活动、设计的计划方案等要有利于体育健身休闲产业经济效益与社会效益的发挥。

体育健身休闲产业的经营管理者要积极开发消费者喜闻乐见的体育资源，提供给消费者更好的体育产品与服务，满足消费者的各种需求。除此之外，经营者还要为消费者提供必要的技术支持，为他们参加体育健身活动营造一个良好的氛围，这不仅有利于我国全民健身运动的开展，同时也能帮助体育休闲健身产业的经营者获得可观的经济收入，促进我国体育休闲健身产业的健康发展。

（二）研究体育健身休闲市场的发展规律

我国地域辽阔，各区域之间存在着经济发展不平衡的现象，经济发达

① 李万来．体育经营管理概论[M]．北京：人民体育出版社，2006．

与经济欠发达地区的差距这些年来越拉越大，这对于我国体育产业在各区域的平衡发展非常不利。面对这一形势，体育健身休闲产业的经营者要积极研究与分析体育健身休闲市场的基本规律与发展趋势，尽可能地采取各种手段弥补各区域之间的差距，促进体育健身休闲市场在各区域的共同发展。

（三）确定目标市场，体现经营特色

随着体育产业的不断发展，以及全民健身运动的深入开展，体育健身休闲市场有着广阔的发展前景。体育健身休闲产业的经营者面对巨大的市场要选择好准确的目标市场，结合自身的具体实际和特色确立服务对象与经营范围，吸引目前群体或潜在的目标群体前来参与体育健身消费，同时还要为消费者提供良好的服务，使其成为长久的客户。

（四）制定合理的市场营销策略

当前，体育健身休闲市场的竞争是非常激烈的，体育健身休闲企业要想扩大市场份额，吸引广大的健身爱好者参与消费并留住消费者，就要针对当前市场发展状况制定一定的市场营销策略，拓宽销售渠道，采用先进的营销手段吸引消费者参与到体育健身休闲市场消费。

三、体育健身休闲产业的科学化管理

（一）物资管理

一般情况下，体育健身休闲产业的物资管理主要包括以下内容。

（1）购买与发放体育物资用品。

（2）制订体育物资用品计划。

（3）指定负责人负责体育物资用品的预算与计划工作，然后根据计划采购物资用品，将采购的物资用品发放给各个部门，各部门负责人签字领取物资用品。[①]

（二）行政管理

行政管理也是体育健身休闲产业重要的管理内容，管理人员要处理好产业内部人员的各种关系，制定一个客观的标准制度，提高管理的效率。

---

① 李万来．体育经营管理概论[M]．北京：人民体育出版社，2006.

体育健身休闲产业行政管理的内容主要有印鉴管理、档案管理、公文管理、库房管理、报刊及邮发管理、办公用品管理等①。

(三)计划管理

在体育健身休闲企业中,全体职工的行动纲领就是以企业经营计划为准,因此制订体育产业发展的计划尤为重要。

1. 制订计划的依据

制订体育休闲健身经营计划需要建立在一定的依据之上,这主要包括以下几个方面。

(1)宏观经济环境。

(2)市场需求状况。

(3)企业经营目标与未来发展规划。

2. 制订计划的程序

(1)确定体育健身休闲企业的目标与价值。体育企业不仅要追求经济利益,还要承担一定的社会责任,为消费者提供更好的服务。

(2)体育健身休闲企业经营者要分析自身的优势与不足,充分发挥自身特长。

(3)调查与分析当前体育健身休闲产业市场发展状况,了解企业周边环境,包括人们的消费习惯及相关体育法律法规的制定。

(4)确定体育健身休闲企业的发展目标。

(5)制订计划并进行深入的研究与探讨。

(6)实施企业发展计划方案。

(7)评价企业发展成果,找出不足,积累发展经验。

(四)财务管理

财务管理是体育健身休闲产业经营管理的重要内容,其中制订财务管理计划又是重中之重。体育健身休闲企业的财务管理计划主要包括收支计划、资金调度与周转计划等内容。其中,收支计划是最为重要的部分。

体育健身休闲企业的管理者要认真对待财务计划的制订,要在充分了解企业实际运作状态情况下制订,这样才能加强对企业财务的管理,提高管理的效率与效果。

---

① 李万来. 体育经营管理概论[M]. 北京:人民体育出版社,2006

（五）服务管理

在体育健身休闲产业的管理中，经营者与管理者除了开发优秀的产品外，还要注意为消费者提供优良的服务，服务管理就成为其企业管理的重要内容。体育健身休闲企业要想提高自身的服务质量，就必须以顾客需求为基本依据，深入调查顾客的满意度，从而为消费者提供更好的服务。另外，体育健身休闲企业为提高服务质量，还要从专业的角度培训服务人员，提高服务人员的专业技能，这样才能从根本上提高服务质量，留住消费者。

第四节　体育场馆的经营与管理

当前，体育场馆业在我国整个体育产业体系中占据着重要的组成部分，加强体育场馆的经营管理对于我国体育产业的发展具有重要的意义。

一、体育场馆的运营与开发

（一）体育场馆运营的内容

体育场馆的经营管理包含诸多内容，涵盖各个方面，如体育产品的研发与设计、体育产品的生产与销售、体育产品的质量检测与反馈等，通过对这些内容的管理才能确保体育场馆建设的规范化发展。人们参与体育健身，运动员参加运动训练等都离不开体育场馆，因此加强体育场馆的建设、运营与管理非常重要。体育场馆的运营者与管理者应制定一定的发展规划，为大众提供良好的健身场地，满足人民群众日益发展的体育健身需求。体育场馆运营者与管理者要认真分析大众的体育健身需求，加强体育场馆的合理化运营。体育场馆运营的内容主要包括产品或者服务的有效生产、消费者效用的满足以及以供应商为主的资源的有效配置三个方面。这三个方面的内容至关重要，体育场馆经营者一定要高度重视起来，做好体育场馆的运营与开发。

（二）体育场馆运营与管理的原则

1. 全面发展原则

在体育产业发展的过程中，体育场馆是重要的基础，没有了体育场馆体育赛事也便无法进行,体育产业的发展也就无从谈起。体育产业的功能定位应以竞赛、训练、全民健身、运动休闲等为主。为促进体育场馆业的健康发展,要全面发展,注重创新,开展多种形式的经营活动。

2. 社会效益优先原则

体育场馆在运营与发展的过程中,要满足人们的体育消费需求,同时还要兼顾社会效益,在实现社会效益的同时,追求经济效益的最大化,将社会效益和经济效益统一起来发展。

3. 坚持科学管理原则

在体育场馆运营与管理的过程中,要建立一个科学的现代企业制度,引入科学管理方法,努力提高体育场馆管理水平,促进体育场馆业的发展与完善。

4. 树立市场营销理念原则

在当前社会主义市场经济条件下,我国体育场馆业的发展应遵循市场经济的发展规律,树立以社会、顾客为服务主体的营销理念,运用科学的方法进行市场调研、评估市场需求状况并制定发展策略,促进体育场馆的建设与发展。

(三)体育场馆运营与开发的手段

体育场馆运营与开发的手段指为完成运营与开发任务,达到预定目标而使用的一定技巧。当前关于体育场馆运营的主要手段有:ISO质量认证、服务流程图、关键路径分析、精细化管理、服务外包等。

体育场馆建设与开发的主要手段有:纵向营销、横向营销、异业整合等。

体育场馆实现收入的主要手段有:场馆租赁收入,门票收入,俱乐部会员费,赞助费,广告收入,体育用品销售等商业活动收入,活动策划组织实施的服务收入等。

(四)体育场馆运营与开发的模式

为促进体育场馆的发展而设计的不同运营与开发方式就是体育场馆运营与开发的模式。当前,我国体育场馆运营与开发的模式主要有以下几种。

1. 会员制运营模式

会员制是指利用会员身份来锁定忠诚顾客的一种营销方法。这一方法在体育俱乐部管理中最为常用,在体育场馆的管理中也得到了很好的利用。体育场馆经营者可以通过定向募集会员的形式,出售不同类别的会员身份来募集资金,从而吸引更多的会员加入其中。这一模式能在短时间内向客户融到资金,能起到稳定市场的重要作用,因而成为最为常用的体育场馆运营模式。

2. 承包制运营模式

承包制是指通过一定的合同契约将全部或者部分体育场地、设施设备,以租赁或者承包的方式出让经营权并获取收益。通常来说,承包的形式可以根据现实情况合理确定,其中内部协商和招投标制度是最为常用的两种方式。当前,承包制这一形式得到了广泛的利用,能在很大程度上减轻体育场馆管理的负担,但是对于体育场馆管理者而言,会失去一定的管理权。

3. 直接经营模式

直接经营模式是指由体育场馆的产权拥有方组织与管理体育场馆的各项活动。这一模式能保障体育场馆获得一定的社会效益,但由于管理机制不灵活,很有可能导致管理效率低下,同时还有可能导致经济效益的减少。因此,选择这种模式时要十分慎重,加以综合考虑。

4. 合作经营模式

合作经营模式,即体育场馆产权拥有方以土地、房屋及其他设施、管理经营及技术秘诀或者品牌及无形资产等作为投资品,与其他投资者共同开发一个市场机会并分享投资收益。该模式能够整合和利用社会中的各种资源为体育场馆建设服务,能大大降低场馆经营的风险,受到了体育场馆经营管理者的青睐。

5. 委托经营模式

委托经营模式,是指在明确体育场馆产权关系的前提下,按照委托代理理论,产权拥有方将体育场馆委托给专业管理公司运营,专业公司在实现产权所有人所规定的运营目标后,努力实现体育场馆经济效益的最大化。这一模式在西方国家非常流行,它能在一定程度上解决体育场馆运营与管理费用不足的问题,同时还为体育场馆建设带来了先进的理念,提高了体育场馆管理的科学化水平。

二、体育场馆的营销

体育场馆营销是体育场馆经营管理活动中的重要环节和内容,下面主要介绍当前较为常用的体育场馆营销模式。

(一)一对一营销

"一对一营销"是当前较为常用的模式,其核心思想为:以"顾客份额"为中心,与顾客互动对话以及定制化。当前,体育场馆的营销应从关注市场占有率转移到关注顾客的"顾客份额"上来,关注本体育场馆产品在顾客所拥有的所有该产品中的份额,然后根据调查得出的情况,逐步提升这个份额的占有率。

在进行体育场馆营销的过程中,管理者应通过双向的交流与沟通充分了解顾客的消费行为,为顾客提供差异化、定制化的体育场馆服务产品,这样才能赢得顾客的青睐。

需要注意的是,体育场馆实施"定制化"并不需要对现有的产品与运作模式进行大的改动,可以采取捆绑销售、改变配置、个性化的服务设计、提供灵活的服务模式和支付方式等来实现体育场馆的"定制化",其目的都是为顾客提供良好的便利的专属服务。

(二)品牌营销

品牌是产品或服务属性、名称、包装、价格、历史声誉等各方面的无形总和。品牌对于一个企业的发展具有重要的影响和意义,因此,大大小小的企业都非常重视自身的品牌建设。

当一个体育场馆正经历从卖方市场转变为买方市场,产业增长方式将从数量规模型向质量效益型转变。在这种变革过程中,品牌作为一种重要力量,在一定程度上决定着体育场馆的发展前景。一个有影响的品牌可以征服消费者,取得越来越大的市场份额。品牌竞争就是以品牌形象和价值为核心的竞争,是现代社会一种新的竞争态势。

作为体育场馆的建设而言,也要树立一定的品牌意识,走品牌发展战略,可以按以下步骤进行。

1. 分析行业环境

分析整个体育场馆业的发展情况，准确掌握其他体育场馆在消费者心中的大概位置，以及它们的优势和弱点，然后寻找创新点，将自身的体育场馆建设得与众不同。

2. 追求卓越的品质支持

体育场馆必须以优质的业务质量为根本树立良好的品牌形象。这里所指的业务质量，是一个综合性品质的概念，包括体育场馆的交通位置、硬件设施、服务质量，以及对服务过失的补救等。

3. 进行持续的整合营销传播

在体育场馆建设与管理的过程中，必须加强体育场馆的传播，将本品牌理念植入消费者心中，建立一个完善的宣传体系，以起到良好的营销效果，为体育场馆吸引大量的客户。

（三）深度营销

深度营销，是指以体育场馆和顾客之间的深度沟通及相互认同为目标，从关心人的显性需求转向关心人的隐性需求的一种新型的、互动的、更加人性化的营销新模式、新观念。这一营销模式对体育场馆经营者提出了较高的要求，经营者必须要具备扎实的赛事营销知识和丰富的经验才能展开深度营销活动。一般来说，深度营销的运行流程如下。

(1)选择具有发展潜力或市场容量较大的目标市场。

(2)深入调查与分析，根据分析后的结果，评估体育场馆的未来发展前景，然后制订营销计划。

(3)强化区域营销管理平台，实现营销前、后的整体协同，一体化响应市场的运作机制，提高响应客户需求的速度和能力。

(4)选择和确定核心客户，开发和建立区域范围内的客户数据库，在特定节日对核心客户给予不同的优惠，构建人文营销价值链。

(5)集中营销资源，提供良好的服务和指导，通过电话、网络等方式及时解决客户的疑问，为客户提供良好的服务体验。

（四）连锁经营

连锁经营是当前各行各业所常用的一个营销模式，在体育场馆经营中，这一模式也比较常见。连锁经营模式的核心因素在于具有完全的克隆功能，在使用这种营销手段时，可以从以下几个方面入手。

(1)对现有能力做准确评估，了解自身的发展现状，扬长避短进行发展。

(2)总结、归纳、提炼体育场馆的成功经验，或所谓的核心竞争力，制定体育场馆的标准化管理流程，以便于进一步发展扩张。

(3)体育场馆在进行连锁扩张的时候要了解实际情况，因地制宜，不能盲目照搬现成的发展模式，要结合自身实际体现本体育场馆的经营特色。

(4)可以通过重新组建、收购、兼并、购买股份等形式实现自我连锁经营，但无论采取哪种形式，都要通过必要的评估。

(五)体验式营销

体验式营销主要是站在消费者的感官、情感、思考、行动、关联五个方面，重新定义、设计营销的一种思考方式。这种思考方式兼顾理性与感性，消费者在整个消费过程中能得到良好的心理体验。

不同于其他服务，体育场馆的消费者只有亲身参与其中，才能体会到体育场馆的优点与缺点，才能决定是否在该体育场馆消费。这就是体育场馆的体验式营销，这一模式能有效帮助消费者体验到各种产品之间的差别，提高消费者对品牌的认知度和忠诚度，是一种高层次的营销模式。

(六)文化营销

文化营销主要是通过宣扬体育场馆的理念、宗旨、品牌文化等内容，帮助消费者更加深刻地了解体育场馆的内涵，引起消费者的共鸣，激发人们参与体育场馆消费的欲望。利用文化营销展开体育场馆的各项营销活动时需要遵循以下基本原则。

(1)在对外展示时，要向消费者充分介绍体育场馆的文化内涵、宣扬品牌价值。

(2)强调体育场馆中的社会文化与体育场馆文化。

(3)从提高文化内涵、人文关怀的实际出发，考虑和检验公司的经营方针。

在实施体育场馆文化营销的过程中要做到以下几点。

第一，人文化。尽最大可能地满足客户的物质需求和精神需求。

第二，个性化。体育场馆要有自己的声音，以独特的服务营销理念赢得顾客的青睐。

第三，社会性。充分挖掘社会文化资源并回馈社会。

第四，公益性。注意将企业文化融入营销活动中，注重对社会的回报。

三、体育场馆的服务

(一)体育场馆服务的内涵

体育场馆服务是指体育场馆管理部门及其工作人员,通过自己活动的方式来满足消费群体对体育场馆的多元化需求而进行的与体育场馆功能、特点相关的服务产品的供给活动。

一般来说,体育场馆服务的具体内容主要包括举办大型体育比赛、体育表演、体育培训、体育健身娱乐等活动。

总体来看,体育场馆所接待的消费群体不仅包括观看比赛、参与健身休闲活动的散客,同时,也包括举办大型商业活动的各类企业。因此,在基于顾客满意度提升场馆服务质量的同时,场馆服务方须考虑这两大顾客群体的不同需求,并针对顾客的需求提供高质量的服务。

(二)体育场馆服务的特点

1. 体育场馆服务的非储存性

体育场馆在向社会提供服务时,既不能积压也不能储存,只能即时提供,使得体育场馆在提供服务时对市场需求的应对能力相对有限。在体育消费能力不足时,会发生机会损失;在体育消费能力旺盛时,会导致体育场馆服务供给不足,体育场馆在提供服务的过程中会面临着不确定性的风险。

2. 体育场馆服务的无形性

体育场馆服务不具有实物形态,因此消费者在进行消费时,只能通过对体育场馆服务提供者的认知度或即时感受来认知体育场馆的服务质量。体育场馆的这一特性使得消费者在选择体育场馆服务提供者时比较困难,只能依赖其他消费者的反映和体育场馆的介绍。

3. 体育场馆服务生产与消费的即时性

体育场馆服务的生产和消费是同时发生的,需要同时同地完成服务交易,体育场馆服务提供者与消费者如果不在同一场所、同一时间进入服务程序,则服务交易难以完成。如体育赛事不会因为某一个观众的晚到而推迟比赛。

4. 体育场馆服务的安全性

体育场馆服务以体育活动为载体，因此与其他服务形式相比，其中存在着一定的风险性。因此，体育场馆服务的安全性成为体育场馆服务的重要特点，在体育场馆服务的提供过程中要始终关注消费者的安全问题，以为消费者提供安全的体育场馆服务。在部分情况下，体育场馆服务的风险是无法规避的，只能通过风险预案、风险控制等手段将风险控制在最低程度，避免更大的损失。

5. 体育场馆服务的参与性

体育场馆服务消费不同于其他产品的消费，需要消费者的亲身参与和互动才能得出体验。如果离开了消费者的参与，体育场馆的服务就无法实现。如体育健身服务与体育培训服务，它们是以消费者的参与为前提的，即使在消费者参与度较低的体育赛事服务中，也需要消费者的积极参与和互动，以获得良好的观赛体验。

（三）体育场馆服务规范

要想提高体育场馆服务的质量，还要建立一个体育场馆的服务规范，主要是指为消费者提供规范化、标准化的服务，这一服务规范还要符合国家法律、法规的要求。

体育场馆为消费群体提供高质量的服务产品，应当使该产品满足体育服务产品的规范化要求。该要求具体主要体现在两个方面，即产品质量要求和法律法规要求。

(1)产品质量要求。体育场馆提供的产品虽主要是无形性的服务产品，但亦有一系列的、与其他服务产品性质不同的、且与体育场馆本体功能相关的服务产品质量特性要求和标准化服务流程，以确保体育场馆服务的质量。

(2)法律法规要求。在体育场馆服务产品满足其质量特性要求的基础上，还必须遵守相应的法律、法规要求，符合本行业制定的各种规范。

四、体育场馆的风险管理

（一）体育场馆风险分类

按风险来源分类，可以将体育场馆风险分为外部风险和内部风险两大类。其中，外部风险是指源于体育场馆外部环境的一类风险，它包括自然、政治、经济、社会、法律、技术等宏观外部环境风险和顾客、供应商、竞争对手等微观内部环境风险变化引起的不利影响。内部风险则是指源于体育场馆自身的风险，主要包括产品、营销、财务、人事等风险。受篇幅所限，下面主要介绍体育场馆的外部风险。

1. 政治风险

政治风险，指由于政局变化、政权更迭、罢工、战争、政策多变、政府管理部门的腐败和专制等引起社会动荡而导致大型体育场馆项目造成经济损失乃至人员伤亡的风险。

大型体育场馆项目有时候会面临着一定的风险，政治风险就是其中重要的一种。政治风险是指政治方面的各种事件和原因所带来的风险，主要包括：政府或主管部门对工程项目干预太多，指挥不当；政策透明度差，权力机构腐败；工程建设体制、工程建设政策法规发生变化或不合理；法制不健全，法律不公正；政策多变，社会动荡导致项目失败。

2. 经济风险

经济风险是指经济实力、经济形势及解决经济问题的能力等方面潜在的不确定因素导致大型体育场馆项目遭受厄运的风险。有些经济风险是社会性的也有行业性的。经济风险包括：宏观经济形势不利，如整个国家的经济发生不景气或不断滑坡；投资环境差，工程投资环境包括硬环境和软环境资金不到位，延期付款，信用缺失；利率调整幅度大、原材料价格无规律上涨，如建筑钢材价格不断攀升，原材料短缺等；通货膨胀幅度过大，税收提高过多。

3. 社会风险

体育场馆的社会风险是指由不断变化的道德信仰、价值观，人们的行为方式、社会结构的变化等社会因素产生的风险。社会风险影响面极广，它涉及各个领域、各个阶层和各个行业。大型体育场馆项目的社会治安、社会和谐度、工作人员文化素质、环境污染、对生活习俗的影响等都是社会风险的重要组成因素。

4. 技术风险

体育场馆的技术风险是指技术条件的不确定而引起的风险。主要表现在工程方案选择、设计、施工等过程中，在技术标准的选择、分析计算模型的采用、安全系数确定等问题上出现偏差而形成的风险。另外，如技术目标过高、技术标准发生变化等也可造成技术风险。在施工中采取的施工方案不能满足施工要求也会带来较大的项目风险。

5. 管理风险

管理风险是指由于项目管理组织、制度、管理技术等因素导致项目没有达到项目目标的风险。

(1)组织机构的设置。组织机构健全,配合密切,效率高,则风险低,否则风险高。

(2)成本控制风险。由于规划、建设过程中风险发生造成的成本升高。

(3)质量风险。由于管理原因造成的质量风险威胁项目成功。

(4)项目的完工风险。项目完工风险也是影响大型体育场馆项目建设能否达到预期目标的重要管理风险。

此外,项目管理人员管理能力不强、经验不足,工人素质低等因素也是管理风险的重要组成因素。

(二)体育场馆风险识别

风险识别的方法有定性分析法和定量分析法。定性分析法试图以风险的发生对项目结果影响的大小来比较风险的相对重要性;定量分析法试图确定项目结果的绝对值范围和概率分布。

1. 定性分析法

一般来说,常用的定性分析法主要有头脑风暴法、德尔菲法、访谈法等。

头脑风暴法:多人面对面对问题进行无限制性讨论,以寻找尽量多的指向问题的答案。基本规则为:清晰地阐述手头问题;鼓励参与者放松对自己思想的禁锢,围绕问题形成发散性思维;交流、碰撞参与者的想法等。

德尔菲法:由一组专家先各自独立地作出预测,然后排除极端观点达成一致意见。

访谈法:在无条件开展小组工作的情况下,通过访谈向个人获取信息的一种方式。

2. 定量分析法

定量分析法包括决策树法、蒙特卡罗模拟法、敏感性分析法等。

决策树法:决策树发端于决策点,随后按照决策制定过程自上至下依次有序地汇出机会事件和决策。决策树的目的是为每一个方案确定期望值。

蒙特卡罗模拟法:即使用随机数字模拟不同情形的结果。这种模拟模型可以用来测定系统对不同输入的反应。

敏感性分析法:用于测定某一风险变量的改变对整个项目的影响。

(三)体育场馆的风险应对

在体育场馆运营的过程中,难免会遇到一定的风险,除了规避风险外,再发生风险时,做好风险的应对也是非常重要的。一般来说,体育场馆风险应对方法主要包括风险规避、风险缓解、风险转移和风险自留。

1. 体育场馆的风险规避

风险规避是通过变更计划,从而消除风险或消除风险产生的条件,或者是保护经营目标不受风险的影响。风险规避是对项目风险进行识别、评价后,通过修正项目计划,消除风险本身或产生风险的条件,或者保护项目目标免受风险的影响。在项目早期出现的某些风险症候或征兆,可以通过明确需求、广泛获取信息以合理地规避。此外,对于风险较高的项目采取缩减项目范围、增加项目资源、增加项目风险储备金、运用成熟的方案等方法,都可以有效规避项目风险。

2. 体育场馆的风险缓解

风险缓解是一种具有积极意义的风险应对手段。它通过事先控制或应急方案使风险不发生,或一旦发生后使损失最小或尽量挽回损失。

风险缓解方案可分为以下三种。

(1)预控方案。经过风险识别后,就每一个风险进行详细的说明,包括风险产生原因、条件、环境、后果与控制发生的要领等。

(2)应急方案。应急方案的目的是使项目风险损失最小化,应急方案是在损失发生时起作用的。

(3)挽救方案。挽救方案的目的是将风险发生后造成的损失修复到最高的可使用程度。

3. 体育场馆的风险转移

风险转移是设法将某风险的结果连同对风险应对的权利和责任转移给对方。风险转移方法很多,比较常见的有保险、担保、合同转移等。

(1)保险。保险是分散风险、补偿损失的一种手段,是人们在与灾害风险斗争中总结出来的处置风险的一种方法。保险有利于体育场馆企业对各类突发事件带来的财务支出提供经费保障，有利于对自身不能承受的风险实施转嫁。由于体育场馆具有高事故、高伤害的风险特点，因此购买人身意外伤害险和公众责任险对体育消费者和体育场馆经营场所都是最基本的保障。

(2)担保。担保是为他人的债务、违约或失误负间接责任的一种承诺。通常的工程担保类型主要有履约保证、银行信用保证、现金保证、财产保证、留置权等。如体育场馆管理者与某项体育活动的参与者签署免除责任协议，使受害者放弃追究责任的方法。

(3)合同转移。合同转移是通过业主与设计方、承包商等分别签订的合同来明确规定双方的风险责任，以此转移项目风险的一种风险处置方式。如体育场馆管理者同有关责任人员签署合同，由他们对自己的过失行为所造成的损失负责。体育场馆管理者通过与租用设备者签订维持无害协议转移部分风险，即在活动举办期间如果发生任何损害，由租用设备者赔偿。

4. 体育场馆的风险自留

在项目风险管理中，对一些不是很严重的风险，或者不适合用其他措施应对的及采用其他应对措施后残余的一些风险，风险管理者常采用自留的方式处置。风险自留意味着在不改变组织计划的前提下去应对某一风险，或项目主体不能找到其他适当的风险应对策略，而采取的一种应对风险的方式。

风险自留和风险转移是风险处理的主要技术手段。在具体的操作过程中，有时会选择风险自留，有时会选择风险转移，有时还会两者兼用。当损失的严重性低、损失频率高时，风险自留是最佳选择；当损失的严重性高、损失频率低时，风险转移是最佳选择；当损失的严重性高、损失频率高时，风险自留＋风险转移＋损失控制等组合是最佳选择。

五、体育场馆的人力资源管理

人才在任何领域和行业中都起着至关重要的作用，因此加强体育场馆人力资源的管理就显得尤为重要。总体来看，体育场馆的人力资源管理主要包括人力资源规划、人力资源招聘、人力资源开发和绩效考核等几个部分。

（一）人力资源规划

人力资源规划是体育场馆人力资源管理的起点，是在充分调查现有人力资源发展现状的基础上，科学预测未来体育场馆人力资源的需求，并根据体育场馆岗位设置进行人力资源规划的一种管理方式和过程。其目的在于获得最为有效的人力资源配置，为体育场馆的运营与发展提供重要的人力保障。

(1)人力资源的评价。充分调查体育场馆人力资源现有情况，是否存在岗位空缺的情况，是否要扩大场馆建设的规模，体育场馆扩大后会产生多少新岗位等。

(2)人力资源的预测。体育场馆建设与改造完成后，预测岗位变化情况，确定何种资质的人员来补充岗位空缺。

(3)制订人力资源需求方案。管理者要结合实际情况考虑体育场馆各种岗位的设置，尤其是特殊岗位人员的安排，制订一个科学合理的人力资源需求方案。

（二）人力资源招聘

招聘是体育场馆人力资源规划的实施阶段，人才招聘至关重要，因此要严格按照既定的流程进行。

(1)制订招聘计划。招聘计划制订以人力资源规划为主要依据，要明确招聘的岗位、人数和招聘标准。

(2)发布招聘信息。选择合适的信息发布渠道，让更多的优秀人才获取这一信息，招揽到大量的优秀体育人才。

(3)初审报名材料。首先要初审报名材料，进行人才甄别，剔除不合格人员，从而节省人力资源成本。

(4)举行考试。开始分为面试、笔试和技能测试等几种形式，管理者可以结合实际情况合理确定考试的形式，其最终目的都是考查应聘者的综合素质，选拔有用之才，从而为体育场馆的建设与管理服务。

(5)录用。主要包括发放录用通知、签订相关协议、介绍企业情况等内容。

（三）人力资源开发

要想加强体育场馆的管理，提高管理水平，就必须要有高素质的人力资源。拥有一批高素质的体育场馆管理人才对于体育场馆的建设与发展具有重要的意义。在挖掘与开发人力资源的过程中，除了要挖掘体育场馆的可用之才外，还要通过各种培训形式来提高组织成员的各项技能，以适应体育场馆建设与管理工作的需要。

由于体育市场是一个朝阳产业，尤其是对于我国而言，体育产业的发展时间较短，没有捷径可走，为促进体育场馆建设与发展，需要通过各种培训来提高员工的基本素质，这样才能提高体育场馆的市场竞争力，赢取更多的客户。

在对员工进行培训的过程中，要不断强化员工基本技能，帮助员工制定与完善职业规划，为员工的未来发展提供各种支持，以激发员工工作的积极性，促进体育场馆的建设与发展。

（四）绩效考核

在体育场馆人力资源管理中，绩效考核也是非常重要的一个环节。进行绩效考核的主要目的在于考察员工的工作情况，激发员工工作的积极性，还可以将绩效考核的结果作为确定员工薪酬福利、职务晋升的主要依据。总体来看，绩效考核关乎每一名员工的切身利益，因此绩效考核的标准一定要规范、科学和合理，要能客观、公平、公正地评价每一名员工。在制定绩效考核标准的过程中，管理者要根据体育场馆的岗位设置，设计出不同岗位的绩效考核标准，这一标准的制定不是盲目的，要综合各方面因素进行考虑。另外，还要明确绩效考核的周期，一般 1 年为一个总评期，中间还有季评和月评，个别的也有以 1 个星期作为绩效考核单位的。考核的方法有很多，如工作业绩、书面报告、关键事件等，具体可根据体育场馆的规模、岗位灵活使用。

第六章 体育产业外围层各类行业的发展与管理研究

根据《国家体育产业统计分类》，我国体育产业的外围层主要包括体育传媒业、体育广告业、体育赞助业、体育经纪服务业等。这几类体育产业在近年来获得了较为迅速的发展，其中体育广告业和体育传媒业的发展尤为迅速。为促进我国体育产业的可持续发展，加强以上体育产业的运作与管理是非常重要的，这就需要结合我国体育产业当前发展特点与形势，采取有针对性的措施与手段进行发展。

第一节 体育传媒业的发展与管理

一、体育传媒的相关理论

（一）大众传媒

大众传媒就是指处于职业传播者和大众之间的媒介体。发展至今，常见的大众传媒主要有报纸、广播、电影、电视、网络等。大众传媒的出现对于体育产业的发展具有重要的推动作用。总体来看，大众传媒具有以下几个方面的特征。

1. 普遍性特征

大众传媒的普遍性主要体现在两个方面：一方面是受众的普遍性，指不同年龄、性别、文化水平、社会阶层等的大众传媒的受众；另一方面是信息来源的普遍性，这从社会政治、经济、文化等方面都能得到体现。

2. 时效性和敏感性特征

随着现代社会的不断发展，人们对大众传媒的要求也越来越高。人们为及时快速地获取外界信息会利用到各种卫星通讯技术，大众传媒通过这些技术的利用为受众带来了及时、丰富的信息。这都体现出大众传媒的时效性和敏感性特征。

3. 公众教育性特征

近些年来，现代教育的模式和方式呈现出多样化发展的趋势，其中大众传播工具就是非常重要的一种，因此大众传媒就呈现出公众教育性特征。

（二）体育传播

体育传播作为信息传播的重要部分，不仅具有信息传播的特征，同时还有自身独有的特征。

1. 全覆盖特征

随着现代科学技术的飞速发展，现代社会已成了一个信息网络化社会，这为信息传播的跨空间发展提供了可能性。在现代传媒技术的应用下，时空差距越来越小，全球一体化发展的趋势越来越明显。

在体育传媒高度发展的背景下，体育竞赛信息传播的速度与效果都有了明显的提升。不同国家、不同地区的人们都可以通过体育传媒技术的利用观看实时比赛，如奥运会，世界杯等，这些体育赛事的转播无不体现出体育传媒的全覆盖特征。

2. 全天候特征

以往的电视直播受到的限制较大，其中播放时间就是非常重要的一个方面，人们无法在业余时间里自由观看自己想看的体育赛事，这为人们观看某一体育赛事带来了较大的限制。而通过计算机网络媒体技术的运用，人们可以选择在任意时间内观看自己喜欢的体育赛事，这充分体现出体育传媒的全天候特征。

3. 全景式特征

在现代传播媒介出现之前，人们了解体育赛事的主要途径是通过文字和图片，而随着电视、手机、网络等传播媒体的出现，人们不仅可以欣赏到声音，还能观看动态的画面。体育赛事的举办时间、地点、比赛状况等信息都能通过网络媒体获得，这为广大观众提供了良好的途径和手段。一般来说，体育赛事传播的全景式特点在传播的形式和内容上都有所体现。

二、体育传媒业的发展概况

发展到现在，体育传媒的形式越来越多样化，其中体育类报刊、电视转播、体育网站等都是重要的几种。体育传媒的出现不仅能丰富人们的文化生活，而且还能在一定程度上促进社会经济的发展。当前我国体育产业市场的发展还存在着不少问题，如体育产业市场的发展欠缺全面性和系统性，利润不大，经济效益不明显等。但是，对于我国而言，体育传媒业还属于一个朝阳产业，具有广阔的发展前景。

随着竞技体育运动的高度发展及体育赛事水平的日益提高，体育爱好者的数量也越来越多，因此体育新闻的市场需求也越来越大。在这样的背景下，大量的专业体育媒体高度重视体育新闻板块的建设，开辟了大量的体育新闻栏目，甚至一些非体育专业媒体也迎合体育赛事发展的形势，在大型体育赛事举办期间对体育赛事进行追踪报道，如世界杯足球赛、奥运会等，这为社会大众了解并掌握及时的体育信息提供了重要的途径。

当前，全球一体化的发展趋势日益明显。近年来，国外体育传媒也开始入驻中国市场，这对我国体育传媒业的发展形成了一定的冲击，同时也带来了一定的发展机遇。国外体育传媒的介入，对我国体育传媒业的发展可谓有好有坏，我们要立足实际，取长补短，抓住这一历史机遇，在坚定我国体育传媒发展特色的同时，借鉴国外先进的经验，促进我国体育传媒业的国际化发展。

三、体育传媒业的运营策略

针对当前我国体育传媒业的发展现状，我们可以结合自身的特色与实际，采取有针对性的运营策略进行发展。

（一）加强法律保障

体育市场健康有序发展需要有一个完善的法律体系作保障，因此加强体育传媒市场的法律体系建设尤为重要。当前，我国的体育媒介还存在着不少问题，如法规体系不健全，制度执行不力，针对性法规较少等，这些对于我国体育传媒的发展都非常不利。因此，相关部门要结合这种情况参考与借鉴其他行业的法规制定标准，加强我国体育媒介方面的立法建设，为我国体育传媒业的发展提供切实的保障。

除了加强政府部门的法制建设外，还要求体育组织及传媒机构在运营管理的过程中，要具有一定的自我保护意识，要有维护自我知识产权和专利权的意识和能力，适时到有关管理部门对有关商标、标志进行登记与注册，以免遭损失。

（二）深化体制改革

随着体育赛事水平的不断提高和数量的增多，越来越多的观众逐渐参与到体育运动中。对于体育传播媒体而言，在宣传重大赛事时，要根据市场需求并迎合观众的口味调整赛事传播形式，以尽可能地吸引更多的观众。在这样的情况下，不仅能获得大量的门票、各种有形产品的收入，还能吸引赞助商前来投资赛事，从而获得良好的经济效益。

在体育传媒业运营与管理的过程中，要明确体育传媒与各经济主体之间的关系，采用合理的符合实际的营销手段，调动各方面的积极性，加入到体育媒介市场的开发与建设工作中。在体育传媒运营体系中，内容是媒介的生命，管理人员要深层次挖掘体育赛事活动的内容，对赛事内容进行全方位的剖析，进一步提升新闻传播与报道的价值，这样才是有效的体育赛事传播。

对于体育传媒业的管理人员而言，除了注重体育赛事内容的挖掘与宣传外，还要对某些赛事的规则进行必要的宣传，深化本身体制改革，其目的是为大众提供更好的转播服务。

（三）制定人才发展战略

与国外发达国家相比，我国的体育传媒业还处于一个初级发展阶段，我国还欠缺大量的优秀的体育传媒人才。在这样的背景下，在激烈的国际竞争之中我国体育传媒业很难有立足之地。因此，这就要求我们要以媒介全球化为主要依据，制定一个科学的体育传媒人才发展战略，培养高素质的体育媒体人才。在对体育传媒人才进行培养的过程中，不仅要灌输其体育理论知识、体育传播学知识，还要加强其体育产业经营管理能力与新闻采编能力的培养，这样才能培养出具有综合素质的人才，从而促进我国体育传媒业的发展。

（四）遵循规律，满足多元化需求

加强体育传媒业的运营对于体育市场乃至整个体育产业的发展都具有重要的影响和意义。在体育传媒业发展的过程中，要遵循市场经济发展的基本规律，建立先进的符合时代发展的体育市场营销观念，确定体育传媒营销的目标，展开市场调查，明确不同阶段的工作重心，加强营销过程中的管理，做好售后反馈工作等。

另外，在宣传与报道体育赛事时，还要采取必要的措施与手段满足观众的各种需求，利用先进的现代传媒技术提升报道的画面质量，从而为观众带来良好的观看体验。

第二节 体育广告业的发展与管理

一、体育广告概述

（一）体育广告的概念

体育广告的概念有广义与狭义之分。广义的体育广告，是指企业借助体育运动的形式以本企业的观念、产品、服务为内容展开的介绍、宣传等活动。狭义的体育广告则是指体育经营组织通过口头、文字、图画等说服的方式对体育产品的服务或者销售进行的公开宣传。[①]

随着体育市场的高度发展，各方面都需要加强沟通与交流才能获得良好的发展，而体育广告就能在从中发挥沟通桥梁的作用。在当今体育企业管理中，体育广告已成为企业提升产品竞争力的重要手段，体育企业每年在体育广告上的花费越来越多，当然这也给其带来了较大的回报。

（二）体育广告的优势

与其他广告媒体相比，体育广告具有独特的优势。

1. 观众多、宣传面广

发展到现在，参与体育运动、观看体育赛事的人越来越多，体育运动拥有广泛的群众基础。每逢重大体育赛事，如奥运会、世界杯等，观看这些赛事的电视观众更是数以亿计，这是其他广告媒体无法比拟的。因此说，观众多、广告宣传面广是体育广告的一个重要优势。

2. 时间长、受益多

对于一般的电视广告而言，时间都比较短，但对于体育赛事而言，伴随

---

① 夏正清．体育产业经营管理[M]．西安：西安地图出版社，2011.

着体育赛事的进行，广告穿插其中，播放广告的时间非常长，尤其是在大型的体育比赛中，电视转播的重复率较高，这能为赞助商带来良好的广告效果，提高赞助商品牌的影响力，从而带来极大的收益。

3. 易于接受、推广效果好

在现代竞争激烈的市场环境下，各企业都会投入大量的商业广告以宣传自己的品牌，提升品牌影响力。久而久之，消费者就会失去对广告的兴趣，甚至对广告产生反感情绪，难以获得理想的广告效果。但对于体育广告而言，由于形式比较独特，如在体育赛事中将广告牌作为赛场背景，能极大地吸引观众的目光，观众在欣赏体育赛事的同时能增强广告品牌的认识，获得良好的广告效果。

4. 影响深远、效益好

体育爱好者或者一般的观众都有自己喜欢的体育明星，而体育明星在社会上则拥有较大的影响力。大量的事实表明，通过体育明星作广告能获得理想的广告效益。尽管体育明显的广告代言费非常之高，但企业从中获得的经济效益也是十分明显的，双方都能达到双赢的效果。

(三)体育广告的作用

总体而言，体育广告突出表现出以下作用。

1. 传递有效信息，促进生产者与消费者的沟通

体育产品的生产者与消费者之间需要一个沟通的桥梁，而体育广告则扮演着这一角色。通过体育媒体，体育企业将产品或劳务信息传递给消费者，加强了二者之间的联系。

体育广告对体育爱好者具有强大的吸引力，因此大量的体育企业都非常重视体育广告的投入。体育生产部门或企业可以发布体育广告吸引消费者或潜在的消费者，从而提升企业的品牌度。如果一个单位急需某种设备或产品，也可以通过体育广告的形式达到目的。

2. 树立企业形象，促进消费产品知名度的提升

体育广告的宣传功能非常强大，即使社会大众对一些品牌的认知度不高，但通过体育广告的宣传，知名度就会迅速提升，影响力也会逐步提高。因此，很多企业为树立本企业的品牌形象，提升知名度，往往投入大量的体育广告来宣传自己的产品或服务。

3. 激发市场需求,获得经济效益

体育广告的主要目的是吸引消费者,刺激消费者进行消费,从而获得经济效益。作为企业而言,通过体育广告,能激发人们对本企业产品或服务的兴趣,从而产生购买动机,并最终实施购买行为,获得经济效益。

4. 引导消费者合理消费

体育广告可以通过介绍体育产品来增强消费者对体育产品的认识,对其消费行为进行科学的引导。

首先,消费者购买某种体育产品时,由于缺乏必要的了解或者了解不够深入,因此很难作出正确的抉择。而通过体育广告对产品的介绍,消费者能全面地了解体育产品的性能、价值等,从而作出合理的选择。

其次,消费者在初次购买体育产品时,由于缺乏必要的经验,往往难以获得理想的使用效果,而通过体育广告的介绍与宣传则能明确体育产品的使用及保养方法,提高产品的使用寿命。

5. 推动体育事业的持续发展

目前,我国的体育事业正向着社会化、产业化的方向发展,体育广告对体育事业的发展具有极大的推动作用。

(1)通过体育广告,大量的社会流动资金能涌入体育运动之中,能极大地减轻国家的财政负担,解决体育事业资金不足的问题。

(2)运动员通过体育广告代言能获得不菲的经济收入,这能极大地刺激运动员提升自己的竞技水平,争取获得更多的广告机会或更高的代言费。当然这都是建立在运动员提升自身运动水平,促进自身价值提升的基础上的,这样能形成一个良性循环,促进我国体育事业的持续健康发展。

二、体育广告业的发展现状

(一)体育媒体选择比较单一

一般来说,体育媒体的传播范围和产品目标市场是一致的,社会不同群体要依据自身的特色和实际来选择体育媒体。但是,我国大部分商家在选择体育媒体时往往比较盲目,没有对大众群体进行细致的分类,导致广告缺乏目的性和针对性,选择的广告媒体也比较单一,难以获得理想的广告效果。

在我国,电视转播在体育广告业中占据着较大的比重,而电视台垄断性较强,控制与管理非常严格,因此体育广告的宣传就受到很大的影响。近年来,网络化的不断发展使得互联网传播的速度大大加快,网络成为重要的体育传播手段,而在网络上投入体育广告也成为重要的宣传手段。

(二)市场规模有限

当前,我国的体育广告业发展迅速,但与发达国家相比仍然存在着不小的差距,不仅整体规模较小,而且也未形成一个独立的行业。发达国家的体育广告业早已成为了一个独立行业,在体育产业中占据着重要的地位。我国需要在今后不断扩大体育广告的市场规模,提高在体育产业中的比重,争取获得大规模的发展。

(三)广告设计缺乏创新

一个好的广告创意能产生较大的吸引力,能促使人们积极主动地去了解广告所宣传的产品或服务,当前广告创意的主要表现形式为带有文字图像的广告商品。一个具有独特创意的广告能激发消费者消费的欲望,这就是广告的影响力。

总体来看,我国在体育广告的创意设计方面还是比较欠缺的,大部分的体育广告只是将商品简单地凸显出来,欠缺设计的成分,谈不上创意和新颖,人们观看这种广告就难以激发了解产品和进行消费的欲望,因此说欠缺创意的广告是难以获得理想效果的。

三、体育广告业的运营策略

体育广告的社会影响力非常大,因此在设计体育广告的内容时一定要注意其对社会所造成的影响。总的来说,体育广告要符合基本的社会道德规范,并接受政府相关部门的监督,要实现经济效益和社会效益的统一发展,要注意运营的方法与策略。

(一)加强交流沟通

体育广告对于体育部门及体育产业部门或体育企业的发展都具有重要的作用。在体育广告操作过程中,最初很多体育广告经营单位在寻找广告商的过程中与目标的关系非常密切,但当签订体育广告合同后,双方之间的关系就会慢慢疏远,这非常不利于双方的共同发展。作为体育广告经营单位与广告商,应该加强彼此间的沟通与联系,形成一个利益共同体,只有这样才能实现双方的“共赢”。

体育广告单位与企业之间的沟通存在着正式沟通与非正式沟通两种形式。正式沟通是指双方通过协议建立的一个沟通机制，属于重要的沟通活动；而非正式沟通则是指双方通过不定期的小范围交流来进行协调的活动，属于次重要的沟通活动。但不论哪一种形式，都属于重要的体育广告营销策略，只有确保双方顺畅的沟通渠道，才有可能实现双方共同利益的最大化。

（二）搞好危机公关

在体育广告运营的过程中，各企业或单位都要树立危机意识，注意防范可能发生的风险。而在发生风险时，相关单位和企业要做好危机公关工作，尽可能地降低广告风险所带来的影响。这需要做到以下两个方面的要求。

一方面，要加强体育活动过程的管理。体育广告经营者要深入调查，选择那些可靠的具有社会良好形象的企业，从根源上降低风险发生的几率；另外，体育广告经营者还要监督广告营销活动，当发现违法或者违背公众利益的情况时，要及时制止。

另一方面，赞助企业要加强与体育广告经营单位的联系，预测体育广告所出现的问题并制定相关的解决对策。如在体育明星代言人、体育广告策划等产生问题时，要及时做好处理，避免出现社会不良影响。

（三）强化法律管理

在体育广告运营的过程中，还要加强必要的法律管理，利用法律法规来引导和监督体育广告宣传与经营。加强体育广告运营的法律管理的主要目的在于保护体育广告经营单位的合法经营、维护消费者的利益，保证体育广告业的健康发展。总的来说，体育广告的法律管理主要包括宣传与经营两个方面的法律管理。

（四）预防埋伏营销

1. 埋伏营销的含义

埋伏营销是指某公司通过其他形式的广告与推广活动，直接减弱那些通过支付体育广告费用而获得的体育广告经营单位认同的官方广告主（或赞助商）的关系，从广告主（或赞助商）那里挖走部分观众的不正当营销行为。这一营销手段在社会中时有发生，要引起警惕。

2. 埋伏营销的种类

(1)比赛。相关企业通常会安排与体育赛事相关的抽奖活动或将比赛门票作为奖品发送给体育活动的参与者。

(2)电视广告。相关企业会在某些赛事举办期间投放大量的广告误导消费者,使消费者认为它们的产品就是该项体育赛事的指定用品。

(3)赞助电视转播。相关企业时常会通过赞助电视机构的方式与体育赛事发生某种关系。

(4)赞助运动队或者运动员。相关企业会赞助运动员或运动队,这对观众能产生一定的误导,以为本企业是体育赛事的赞助商。

(5)推广宣传。使用观众所熟悉的体育活动照片从事商业活动;使用体育活动的背景做广告;制作与体育赛事有关的运动员或运动队的纪念品,如球衫、队徽等。

3. 埋伏营销的危害

一般来说,埋伏营销的广告投入并没有落实在体育广告经营者手里,这就对那些与体育广告经营者签有正式协议的企业造成了重大的利益损失,进而造成了体育广告市场竞争的混乱,不利于体育市场和体育产业的健康发展。

总体来看,埋伏营销的危害主要体现在以下两个方面。

一方面,对体育广告经营单位产生重要的危害。埋伏营销会使广告主(赞助商)产生犹豫,延缓或终止双方的合作。另外,还会对体育广告的筹资造成极为不利的影响,不利于体育活动的正常开展。

另一方面,埋伏营销还会对广告主(赞助商)产生极大的危害。埋伏营销能对目标受众造成误导,长此以往会造成目标受众的流失。另外,埋伏营销还会使广告主(赞助商)无法实现预期的经济利益,打击体育广告主的投入体育广告的自信心。

4. 埋伏营销的防治

防治体育广告的埋伏营销可以采取以下手段。

(1)埋伏营销的危害非常之大,因此各方面、相关部门要引起高度重视。首先,国家工商局要制定体育广告用语规范,加强体育广告宣传的监督,使消费者能够明确地区分体育活动的合作伙伴与非合作伙伴;其次,国家广电总局、国家体育总局要下发相关文件明确体育转播权等问题,预防埋伏营销。

(2)作为体育广告经营单位,也要预防埋伏营销。第一,树立自身利益与广告主利益共生的指导思想,打击埋伏营销;第二,针对当前形势制订防治埋伏营销的针对性方案;第三,监控体育广告活动,加强与体育广告相关部门的配合,有效防治埋伏营销。

第三节　体育赞助业的发展与管理

一、体育赞助概述

(一)体育赞助的概念

体育赞助,是指以体育为题材、以达成各自目标为目的、以支持和回报为内容、以利益交换为形式的一种特殊的商业行为。[①]

在体育赛事赞助中,对于不同的个体和组织,体育赞助的作用不尽相同。如对体育组织内的个人而言,体育赞助主要是无形资产的开发;对企业而言,则是一种企业营销方式,其目的主要是提高品牌的影响力,增强国内与国际市场的竞争力。但不论如何,体育赞助双方之间都是商业合作伙伴的关系,二者互惠互利,共同发展。

(二)体育赞助的分类

依据不同的划分标准可以将体育赞助分为以下几种类型。

1. 依据体育赞助对象划分

依据这一标准,可以划分为对赛事举办者的赞助、对体育组织的赞助、对体育场馆的赞助、对体育俱乐部的赞助、对运动员的赞助等。

2. 依据赞助时间跨度划分

依据这一标准,可以将体育赞助分为短期体育赞助和长期体育赞助两种。这主要取决于体育赛事本身的吸引力和赞助商的运营策略。

3. 依据体育运动性质划分

依据这一标准,可以将体育赞助分为以下三种类型。

---

① 夏正清.体育产业经营管理[M].西安:西安地图出版社,2011.

(1)体育后备人才培养的赞助,主要包括对青少年运动队、少体校等的赞助。

(2)体育赛事赞助。对具有重要影响力或较大规模的体育赛事进行赞助往往能取得良好的经济效益和社会效益。

(3)公益性体育活动的赞助。公益性体育活动与人们的日常生活有着密切的联系,因此赞助此类活动具有重要的价值和意义。

4. 依据赞助内容划分

依据这一标准,可以将体育赞助分为以下三种类型。

(1)技术、服务赞助。主要是指由赞助方提供体育活动所需的技术和服务,这一部分是体育运动队或运动员必不可少的内容。

(2)实物赞助。这一赞助形式能使产品与消费者产生直接接触,能帮助消费者深入了解产品,往往能取得良好的赞助效果。

(3)现金赞助。这一赞助形式具有实用、直接的特点,在现代体育赛事赞助中较为常用。

5. 依据赞助商数目划分

依据这一标准,可以将体育赞助分为以下两种类型。

(1)独家赞助。主要是由一家企业独立赞助某一项体育赛事。

(2)联合赞助。由多个企业共同赞助某一项体育赛事,这一赞助形式便于集中各方的优势资源,从而获得理想的赞助效果。

二、体育赞助业的发展概况

与国外发达国家相比,我国的体育赞助业还处于一个初级发展阶段,还存在许多不足之处,这主要体现在以下几个方面。

(一)体育资源没有得到充分的开发

随着我国竞技体育的不断发展,体育赛事资源也越来越丰富,这为我国体育产业的快速发展奠定了良好的基础。但是,在这样良好的发展形势下,我国体育中介并没有深入研究与开发体育赛事资源,他们普遍认为体育赛事仅仅是简单的比赛活动,没有对体育赛事的特性、价值及社会影响力给予必要的关注。而在开发体育赛事的过程中也没有重视其商业包装,致使体育赛事赞助业难以获得良好的发展。因此,这就需要相关部门及人员转变观念,加强体育赛事资源的开发力度,综合分析体育赛事各方面的因素，对体育赛事进行高质量的包装，以获得良好的赞助效果。

（二）体育赞助法律制度不够健全

当前，关于我国体育赞助市场的法制还不够健全，很多企业的赞助活动会面临着一定的风险。如中超足球联赛中，“黑哨”和“假球”现象会在一定程度上影响赞助商的效益，致使赞助商的经济利益无法得到保障，其他赞助商就会望而却步，这样就会形成一个恶性循环，不利于我国体育赛事及体育赞助业的健康发展。因此，健全体育赞助的法律法规是当前亟须解决的一个问题。

（三）体育赞助理念落后

无形资产在体育产业中占据着重要的地位，大量的体育企业往往会利用各种无形资产的优势来宣传企业形象，提升自身的知名度，从而提升市场占有率。但是，在我国仅有很少的一部分企业将赞助体育赛事看作是一项投资活动，能够长期赞助体育赛事的企业更是少之又少；还有一些体育组织部门仅将体育赞助当做获取经济利益的途径，不重视市场营销，也并不关注企业的赞助需求，这对于我国体育赞助业的发展是非常不利的。

三、体育赞助的运营程序

关于体育赞助的运营程序，大致可以从以下五个方面入手。

（一）设计体育赛事赞助方案

要取得体育赛事的赞助权，相关企业首先就要对体育赛事进行细致的调查，并依据现实情况制定详尽的体育赛事赞助方案。赞助方案通常包括七个方面的内容，即分析体育赛事赞助的必要性与可行性；建立关于体育赛事赞助的工作机构；分析体育赛事相关资料；制定体育赛事赞助目标；设计体育赛事赞助的相关“产品”；确定体育赛事赞助价格；选择体育赛事的目标赞助商。需要注意的是，体育赛事赞助方案的设计要简洁和创新。

（二）进行谈判

谈判是体育赛事赞助运营中非常重要的一个环节。体育赞助双方进行谈判的内容主要有以下几个部分。

1. 场地的选择与布置

在体育赛事赞助的谈判工作中，谈判场地的选择与布置要有一定的讲究，因为这会在一定程度上影响谈判人员的心情及谈判的效率和效果。在选择谈判地点时，一定要遵循交通方便、环境优美和安全的原则，谈判会场的安排要按照谈判时间的长短、谈判人员的数量等确定。

2. 谈判人员的配备与分工

对于体育赛事赞助而言，谈判人员的数量并不是固定的，而是根据谈判的地点、时间、内容、人员数量而定。在谈判人员的选择方面要遵循针对性、专业性等原则。

在谈判人员的分工方面，一是要充分考虑谈判人员的业务专长；二是要考虑谈判人员的角色分工问题，一般情况下，谈判人员的具体的分工可以在谈判过程中根据实际情况随时地灵活的调整。

在选择好谈判人员后，要使全体人员尽快了解谈判的主题和内容，并组织相关人员进行讨论，收集各方意见或建议，共同商榷双方的合作方案。

3. 谈判议程的安排

谈判议程主要包括谈判的时间与地点，谈判的节奏与进度等方面。谈判议程安排的合理与否将直接影响到谈判双方的情绪，因此要引起重视。一般来说，有经验的谈判者都会懂得运用谈判议程安排这一工具来获取主动有利地位。需要注意的是，体育赛事赞助的谈判议程也是可以根据实际情况随时调整和改变的，这取决于双方的谈判情况。

4. 谈判价格的调整

体育赛事赞助中，谈判的价格主要包括调低价格和调高价格两种形式。一般情况下，谈判一方为尽快达成赞助协议，就很有可能调低价格，这种情况比较常见。但需要强调的是，不管将价格调高还是将价格调低，都一定要小心行事，切忌没有原则地随意调整价格，否则将会对双方的合作产生不利的影响。

(三)签订协议与合同

一般来说，体育赛事赞助合同具有一定的买卖性质，双方要按照相关规定制定与选择合同的格式和内容。同时，要以具体赞助与回报内容为依据确定标的数量和质量，以及赞助合同的其他方面的内容。

除此之外，一些合同相关说明也要写入合同之中，如关于标志和名称特许权的合同、关于运动员赞助的合同等，这些都属于赞助合同的重要部分，不要遗漏。

（四）体育赛事赞助的实施

体育赛事赞助的效果如何主要看赞助方案的执行力度是否到位。影响体育赛事赞助的因素是非常多的，各方面之间的利益关系也非常复杂，因此，在实施体育赛事赞助方案的过程中常会发生意外，这极大地考验实施者的应对能力。要保证体育赛事赞助活动的顺利进行，就必须要做好赞助的实施计划和组织工作。一般来说，体育赛事赞助的实施环节主要包括以下内容。

1. 宣传

体育赛事的宣传主要通过专访、海报、秩序册等形式进行。宣传的内容主要包括赛事基本情况介绍，赛事相关的趣闻轶事、参赛运动员、教练员基本情况介绍等，这样能帮助观众深入了解体育赛事。

2. 回报落实

体育赛事赞助的技术部门要依据现实情况制订合理的赞助计划，要以事先商定的方式、数量和质量为参照将回报内容一一落实。

3. 新闻工作与公共关系

(1)确定赞助双方的联系人，从联系人获取赛事相关信息。

(2)做好赞助者与新闻媒体的沟通工作。

(3)安排赞助者与有影响的人物见面，加强彼此的沟通与交流。

(4)邀请赞助者参与体育赛事相关活动。

(5)体育赛事赞助相关活动后赠予对方纪念品等。

（五）总结

体育赛事赞助活动的总结也是必不可少的一个环节。这一环节主要涉及以下几个方面的内容。

(1)撰写关于体育赛事的赞助评估报告并上交相关部门。

(2)建立体育赛事赞助专项档案，为体育赛事赞助研究提供翔实的资料。

(3)召开关于体育赛事赞助的总结大会。

(4)向有关工作人员致以谢意。

第四节　体育经纪服务业的发展与管理

一、职业运动员经纪业务管理

一般来说，职业运动员的经纪业务主要包括转会经纪、参赛经纪和无形资产及商业开发经纪等几个部分。下面主要重点研究这几个部分的内容。

（一）转会经纪

运动员转会制度不是历来就有的，而是随着体育职业化的发展而出现并逐渐发展起来的。在职业体育不断发展的过程中，体育比赛的竞争性和商业性客观上要求运动员形成流动机制，这就需要体育经纪人在其中发挥作用。职业运动员转会经纪是受运动员或俱乐部委托，为运动员在不同国家协会间或同一国家的不同俱乐部间转会提供居间和代理服务的商业行为。

在西方发达国家，在职业体育赛事间歇期间，职业运动员的转会会牵动体育媒体和球迷的神经。运动员每一次转会的形成都是体育经纪人与俱乐部等多方沟通与斡旋的结果。职业运动员的转会使体育市场充满了活力，而转会市场的活跃程度又在一定程度上反映了该联赛的发展水平。如西甲豪门皇家马德里队和巴塞罗那队在转会市场上的表现通常都会吸引全世界的目光，这体现出体育俱乐部的影响力。

在体育产业发展的初期，足球经纪人需经过国际足联的批准，才有资格从事国际转会经纪活动。而自2001年起，足球运动员经纪人就不再由国际足联授权，他们只需得到国际足联的会员协会或主管协会的授权，便可从事足球运动员经纪活动。当前足球经纪人遍布全球，属于体育经纪服务行业中经纪人最多的一个运动项目。

（二）参赛经纪

运动员参赛经纪是指经纪人受运动员的委托，有选择性地安排运动员参加体育比赛或表演，并帮助运动员获得一定经济收益的一种代理活动。当前参赛经纪服务也获得了快速的发展，众多的职业运动员都有自己的特定经纪人来帮助安排自己的参赛行程，使自己能够有更多的时间和精力来参加运动训练，从而提高比赛水平，获得优异成绩。

发展到现在，运动员参赛经纪在个人项目上非常常见，如田径、网球、高尔夫、拳击等。因为很多个人项目的运动员收入来源主要是参加商业性比赛，获得出场费、奖金和其他商业机会。在看到大量高水平赛事为运动员带来丰厚回报的同时，经纪人（或经纪人团队）在赛事的选择、训练的安排、商业机会的开发和比赛服务等方面对运动员的发展起到了重要的作用。

（三）职业运动员无形资产及商业开发经纪

运动员无形资产及商业开发经纪是经纪人受运动员委托，代理运动员开发其名义、肖像权等无形资产的经营活动。通常来说，运动员的名义、肖像权等不具备实物形态，但也能够带来重要的经济价值。经纪人通过中介活动促成企业与运动员达成广告或赞助协议，企业由此可以利用运动员的公众形象推广自己的产品，运动员也可以获得一定的经济利益。一般来说，职业运动员在赛场内获得的收入只是其总收入的一部分，大量的场外收入都来源于对其无形资产的商业开发（以我国篮球运动员姚明为例，见表 6-1、表 6-2）。

表 6-1　姚明加盟 NBA 后收入情况①

年份	工资收入/元人民币	总收入/万元人民币	百分比/%
2003	20284096	12000	16.9
2004	29576274	15000	19.7
2005	29518552	17000	17.4
2006	37206124.9	26000	14.3
2007	82825750	38780	21.4
2008	91522453.75	35777	25.6
2009	100219157.5	25530	39.3

表 6-2　姚明加盟 NBA 后的代言(部分)

年份	代言品牌
2002	索伦特科技、UPPERDECK 球星卡
2003	锐步、苹果电脑、百事可乐、搜狐、中国联通、佳得乐等

① 靳英华．体育经济学[M]．北京：高等教育出版社，2011.

续表

年份	代言品牌
2004	豪雅表、麦当劳
2005	任我游 GPS
2007	中国人寿、可口可乐等
2008	T-mobile
2009	汤臣倍健

二、体育赛事经纪管理

这里研究的体育赛事主要是指商业性体育赛事，商业性体育赛事是指以盈利为目的而组织的各种体育比赛。一般情况下，这类比赛并不列入有关体育组织的竞赛计划，而是由体育经纪人创造并进行管理的赛事。当前，在我国举办的商业性比赛越来越多，这极大地促进了当地经济的发展，提高了赛事的影响力。这些年来，体育商业性赛事为我国培养了大量的优秀的体育经纪人及经纪公司。一般来说，体育经纪人所获得的经济效益主要取决于比赛成本投入与收入的比率。投入的成本主要包括赛事举办费、新闻发布会费用、宣传画和纪念册的制作、运动员出场费、赛事组织费用等各项内容。[①] 而收入部分主要包括门票、体育赛事有形产品的销售、体育赛事转播收入等。

三、其他体育经纪服务的运作管理

(一)运动队的包装和代理

体育经纪人在接受运动队的委托之后，依靠自己的资源和关系与意向赞助商取得联系，然后通过竞争获得赛事的冠名权，在取得冠名权后，要求运动队以赞助商的名义参加比赛，或者在参赛服上印有赞助商的名称。通过这一手段，赞助商提高了自身的知名度和影响力，而运动队则获得了不菲的举办该项赛事的经费，二者都能取得良好的收益。需要注意的是，当

① 王宽. 体育经纪服务业运行管理研究[J]. 经济研究导刊，2017(14)：183－184.

运动队出现更名易帜、资产重组等问题时，体育经纪人或经纪公司可以出头露面，为运动队解决这些问题出谋划策，促使其回到正常的发展轨道中。

（二）体育组织的代理

随着当前体育商业化程度的日益加深，从国际奥委会到地方体育俱乐部，越来越多的体育组织开始认识到组织形象的重要性，纷纷聘请具有一定影响力的体育经纪公司来帮助本组织参与经营与宣传活动，以提高自己的行业地位。与此同时，体育经纪公司还可以为体育组织提供商业开发等方面的服务，如代理日常事务，提供法律咨询等。通过体育经纪公司的参与，大量的体育俱乐部或体育组织取得了巨大的成功，因此说体育经纪服务对于体育产业的发展具有重要的意义。

（三）公司企业的代理

对于一些刚入门的体育俱乐部或体育组织，他们对本行业缺乏一定的了解，也没有管理本公司或组织的经验，委托体育经纪人或经纪公司进行一部分业务的运营也是一个重要的手段。体育经纪公司可以帮助进行市场调查，制订相关的体育赞助计划，寻找体育组织的合伙人等。通过体育经纪服务，体育比赛进行得更加顺利，各项事务的开展都有条不紊地进行，同时还保证了运动员的合法权益，这为体育组织或体育俱乐部的发展带来了巨大的推动力，促进了体育产业市场的蓬勃发展。

第七章　其他相关体育产业层各类行业的发展与管理研究

众所周知，体育产业的内容非常丰富，除了核心层、外围层等相关产业外，还有其他重要的体育行业在我国体育产业的发展中起着重要的作用，如体育用品业、体育彩票业、体育旅游业等，加强这几类体育产业的建设与发展，能极大地满足人们的体育消费需求，并促进我国整个体育事业的健康发展。

第一节　体育用品业的发展与管理

一、体育用品业概述

（一）体育用品业相关概念

1. 体育用品的概念

体育用品是指与体育相关的各种物品的总称，如体育场馆、体育设备、体育服装等，这些物品都被广泛用于体育活动中，具有重要的体育特性。

与其他用品一样，体育用品也具有价值与使用价值两个方面的属性。同时，体育用品本身也具有其他用品没有的属性与内涵，突出表现为：体育用品具有鲜明的体育色彩；体育用品的专业性较强；体育用品属于一种高消费品。

2. 体育用品业的概念

人们参加体育活动都离不开一定的体育用品，体育用品是人们参加体育活动的物质保障，因此我们可以利用“用途关联分类法”的方法来界定体育用品业，其概念可以界定为：体育用品业是生产体育活动中适用的专门的物品的企业集合。[①]

作为一个产业系统，体育用品业是跨系统、跨行业的，具体来说，又可以将其大致分为体育器材业、运动服装业、运动鞋制造业等一系列的子行业。

（二）体育用品及体育用品业的分类

1. 体育用品的分类

关于体育用品的分类，诸多学者及专家都有自己的见解，当前主要有以下几种常见的分类方法。

（1）按体育用品的功能和用途划分，可以将体育用品划分为：健身器械类、娱乐及场馆设备类、球类器械设备类、运动服装和器材类、户外运动品类、运动装备及奖品类、渔具系列类、运动保健品类、裁判员及教练员用品类等。

（2）按体育项目种类划分，可以划分为球类运动用品、田径运动用品、体操运动用品、武术运动用品等几类。

（3）按运动竞赛种类划分，可以划分为竞技体育运动用品和非竞技体育运动用品两大类。

另外，体育用品在国外也有不同的分类，如欧洲国家对体育用品有比较简单与明确的分类（表 7-1），我们在研究体育用品业时，可以在一定程度上参考和借鉴国外的划分标准。

表 7-1　欧洲国家体育用品分类

分类	产品名称
运动服装	田径服，游泳服，户外运动服，球类运动服装，冲浪及滑雪服装，有氧运动、健身运动、冰雪运动及其他运动服装
体育器材	各种球类运动、滑冰运动、户外运动、水上运动、冰雪运动、集体项目运动、飞镖、野营运动及钓鱼设备与用具
运动鞋	有氧运动、健身运动、球类运动、高尔夫、雪上运动及其他运动鞋

2. 体育用品业的分类

一般来说，可以将体育用品业分为以下几类。

① 李万来．体育经营管理概论[M]．北京：人民体育出版社，2006.

(1)训练健身器材制造,指供给健身房、家庭和体育训练等使用的健身器材以及运动物品的制造。

(2)体育器材及配件制造,指在不同运动项目的比赛和训练中所使用的体育器材及用品、体育场馆设施及其器件的生产。这一类涵盖的内容较多,在体育用品业中占据着重要的地位。

(3)球类制造,指各种皮制、胶制、革制等可充气的运动用球的生产制造,如足球、篮球、羽毛球等。

(4)运动防护用具制造,指用为各项运动特制的各种材质的手套、鞋、帽以及护具的生产,如不同项目的运动员专用手套、帽子和护具等。

(5)其他体育用品制造,如钓鱼用具、用品及其他体育用品制造。

二、体育用品业的发展概况

据调查,当前我国体育用品业在发展的过程中,主要存在着以下几个问题与不足。

(一)体育产品开发力度不够

当前,我国的体育用品业主要将重点放在生产上面,而欠缺一定的销售策略,从整体上来看属于劳动密集型产业,这与发达国家相比存在着巨大的差距。我国大部分的体育企业,不仅产品结构和营销模式雷同,市场细分化程度低,产品的品种、规格、档次等区分度不够高,对消费者多样化的心理需求关照不够;而且还将对农村体育用品市场和大中小学体育用品市场的开发忽略掉。由此可见,我国体育用品企业在国内市场的开发方面还存在着一定的不足之处,需要进一步改进。

(二)市场集中化程度偏低

虽然近些年来,我国社会经济得到了迅速的发展,但总体来看还存在着发展不平衡的现象,尤其是地域间的经济水平存在较大的差距,突出表现在沿海地区与内陆地区,东部地区与西部地区之间。当前我国体育用品生产企业往往分布在东南沿海省份,总数大约有 300 多万家,就企业数量而言中国是世界之最。但是,企业数量与全行业的规模大小之间的关系并不是成正比的,更不用说企业的质量高低和效益好坏。由此可见,我国的体育用品业存在着规模小,产品质量差,市场集中度偏低等特点。

（三）与体育服务市场的关联性较小

体育用品市场属于一个为体育运动实践提供体育装备的专业市场。综观国外体育用品企业，他们在设计产品时往往涉及体育场地、体育组织和体育活动等要素，与体育市场的关联度非常高。反观我国体育用品业，则非常欠缺体育产品的推广和营销意识与能力，经营活动与体育服务市场的关联度非常低，这不利于体育用品市场占有率的提高，难以提高自身的竞争力。

（四）缺乏高素质的体育人才

当前，我国体育产业缺乏大量的高素质人才：一是缺乏高素质的企业家；二是缺乏高素质的体育产业营销人才；三是缺乏体育产品设计和研发人才。人才的匮乏对于我国体育产业的健康持续发展非常不利。

在我国体育用品企业发展的过程中，人才匮乏也是影响其进一步发展的重要因素，因此各体育用品企业要高度重视体育人才的培养。

（五）行业管理不够科学和规范

当前，体育产业的竞争越来越激烈，对于体育用品市场而言也是如此。因此，要想提高体育用品业的竞争力，就要加强管理，发挥出行业协会的作用。截至当前，我国加入世界体育用品联合会已有接近 20 年的时间，但我国并没有制定一个切实可行的行业发展规划来与国外展开合作与交流，所以需要建立一个科学有效的行业监管体系。目前，我国体育行业管理不健全、不规范，缺乏必要的行业法规制度，导致出现一些不正当竞争行为，这非常不利于体育用品业的管理与发展。

三、体育用品业的发展策略

要促进体育用品市场的运营与管理工作，可以采用以下策略。

（一）采用合理的关系营销方式

对于体育用品企业而言，外部社会及经济环境能对其发展产生重要的影响，因此体育用品企业不仅要适应外部环境，而且要改善外部环境，并把企业的营销和管理作为一种关系行为来看待。①

---

① 李万来．体育经营管理概论[M]．北京：人民体育出版社，2006.

在关系营销中，与体育用品企业有着紧密关系的利益相关者主要有供应商、中间商、竞争者、政府、社会组织、消费者等，建立一个良好的关系，对于体育用品企业融入外部关系组织服务中具有非常大的帮助。

（二）选择与体育相关的经营场所

通常情况下，体育用品企业在选择体育场地时，往往会选择比较繁华的商业圈或者居民比较集中的社区，这样才能利用优越的商业氛围和便利的购物条件，吸引体育消费者参与体育用品的消费，从而实现经济利益。

在体育用品市场营销中，还要合理地选择体育相关经营口岸，应该在经常开展体育活动和体育活动人群比较集中的体育活动圈内设立经营场所。与体育相关的经营场所主要有体育场、体育馆、体育院校等。

（三）满足体育消费者的个性需求

在传统体育用品的市场营销中，体育用品从企业向消费者手中流动的过程非常单纯。首先，企业对所要生产的产品进行市场调查，以市场调查与统计结果为依据对产品进行设计与生产，最终通过广泛的销售渠道将产品向各个细分市场推广。但是，由于企业技术水平有限，对消费者的需求没有深入的认识，就导致所生产的产品与消费者的选择之间存在着一定的差别，且使消费者在被动地选择产品，这是这种营销模式的最大弊端。

在信息化时代，体育企业所面对的消费者与以往有着较大的区别，这一时期，消费者在体育用品市场中处于主动地位，要求企业为之提供能够使其个性化需求得到满足的商品，要求企业在设计与生产产品时，要以消费者的意愿为依据。

（四）使顾客享受到周到的服务和便利

要促进体育用品业的发展，还要采取必要的措施和手段使顾客享受到周到的服务和便利。首先，要认真分析与把握消费者的兴趣及消费习惯；其次，消费者外出购物的时间越来越少，对服务的要求越来越高，因此，体育用品企业要革新服务方式，充分满足体育消费者的需求。在市场竞争日益激烈的背景下，体育用品企业必须为消费者提供便利的购物方式和周到的服务，这样才能为顾客留下良好的印象，促使顾客忠诚于本产品，并养成长期消费本产品的行为习惯。

第二节　体育彩票业的发展与管理

一、体育彩票概述

(一)体育彩票的概念

我国《彩票发行与销售管理暂行规定》中对彩票进行了全新的定义,即彩票是指国家为支持社会公益事业而特许专门机构垄断发行,供选择和自愿购买,并按特定规则取得中奖权利的有价凭证。[①] 截至目前,这一定义是彩票概念中权威性最高的,从这一定义中,能够将我国彩票的发行目的、发行方式以及性质等方面都较好地反映出来。

体育彩票是指以筹集体育资金等名义发行的,印有号码、图案或文字的,供人们自愿购买并能够证明购买人拥有按照特定规则获取奖励权利的有价凭证。[②]

因此说,体育彩票是市场经济发展下的产物,它是一种商品,具有特殊的价值,能满足不同消费者的需求。

(二)体育彩票的性质

体育彩票与一般商品存在着一定的差别,其本身的特殊的性质主要表现在以下几个方面。

1. 体育彩票是政府间接财政收入的工具

体育彩票属于一种政府专控的特殊商品,它是作为一个补偿性投入工具来解决体育事业投入不足而给予体育部门的一项特殊的补偿性财政政策。由此可见,体育彩票是一种国民收入的再分配行为,是政府间接财政收入的一种工具。

2. 体育彩票具有显著的娱乐性特点

人们购买体育彩票不外乎两种目的:一种是赢取奖金,另一种是为了

---

① 夏正清. 体育产业经营管理[M]. 西安:西安地图出版社,2011.

② 同上.

社会公益事业。通常情况下，前者居多。但不论怎样，体育彩票对于社会上的赌博行为的减少也具有一定的作用。

3. 体育彩票具有显著的公益性

我国体育彩票资金主要由奖金、发行费用和公益金三部分组成，其中奖金的比例不低于50%，公益金的比例不低于35%，发行费用的比例不高于15%。通常情况下，我国体育彩票的公益金的主要用途为全民健身计划和奥运争光计划的实施，各省、市、自治区体育局设立专门账户来对公益金进行管理，任何部门不得随意挪用，要定期向社会公布公益金的使用情况。

4. 体育彩票是计划性与市场性的有机结合

体育彩票的发行是计划行为和市场行为的对立统一。政府通过制定相关的规章制度，来严格控制体育彩票的发行过程，这就是体育彩票的计划性；而体育彩票的玩法设计、营销方式等都是建立在市场需求基础之上的，这就是体育彩票的市场性。体育彩票的计划性和市场性之间是对立统一的关系。具体而言，没有一定的计划，体育彩票就没有明确的发展方向，生命力也就不复存在。因此说，体育彩票的计划性和市场性是其重要的特性。

二、体育彩票业的发展概况

发展到现在，我国的体育彩票业已取得了一定的成果，但总体来看，仍然存在着一些不足和问题。

（一）发行成本高，彩票种类较少

与国外发达国家相比，我国体育彩票的发行经营成本相对较高，体育彩票的种类也不够丰富，与一般的福利彩票相比并没有独特鲜明之处，因此，二者之间存在着激烈的竞争。体育彩票品种较少，相对单一成为制约我国体育彩票业进一步发展的重要因素。因此，这就要求吸收和借鉴国外发达国家的做法，不断丰富体育彩票种类，吸引人们前来消费。

（二）对彩民的影响往往是消极的

据调查发现，在我国购买体育彩票的群体中往往都是低收入阶层的人群，其中年轻人占的比例较大，他们购买彩票的主要目的都是当作赌博投机，妄想一夜暴富。为了实现心中的理想，甚至有些人将大部分精力和时间都投在了彩票上，整天研究彩票的规律，为购买彩票，不惜借钱、变卖财产，这极大地影响了这些人群的身心健康发展。由此可见，体育彩票对彩民还是有一定的消极影响的，需要引起重视。

（三）市场监管与法律制度不完善

与国外相比，我国体育彩票产业的起步时间较晚，发展至今也没有形成一套规范性的法律文件。并且，在执行法律法规的过程中，会出现一些责任归属问题，导致执法不力。

虽然我国体育彩票还存在着各种各样的问题，但总体来看，其发展潜力还是比较大的。尽管如此，由于监管力度不足，导致了很多问题的出现。因此，这就要求进一步完善市场监管与法律制度，从而促进体育彩票业的进一步发展。

三、体育彩票的管理策略

（一）加强体育彩票的法制建设

体育彩票的长期发展离不开法律的保护。综观世界上众多的彩票大国，它们都有着健全的体育彩票法律法规体系。目前，世界上很多国家都完成了博彩的国家立法，这为体育彩票的发展提供了重要的制度保障。一般情况下，立法包括三个方面的内容：第一，实施政府控制的形式和程序；第二，维护市场统一有序的措施；第三，对筹集资金使用方向和范围的定位。只有建立良好的法律体系，体育彩票业才能获得健康、持续的发展。

在体育彩票发行之初，我国主管部门强调控制彩票市场、规范发行彩票。1994 年原国家体委以第 20 号令的形式颁布了《国家体委 1994—1995 年度体育彩票发行管理办法》。这个“办法”对于体育彩票事业的发展起到了极大的推动作用。财政部接手管理权后，第一项工作即是着手完善管理法规。2002 年 3 月，财政部下发了《彩票发行与销售管理暂行规定》，对彩票发行、销售作了比较详细的规定。但是，由于彩票具有博彩性，如果没有全国人大常委会颁布的彩票法，整个彩票市场就难以获得健康的发展。

上述彩票《办法》的颁布与实施，在一定程度上规范了体育彩票市场的发展。但随着我国彩票市场的进一步发展，这些彩票办法也显露出一定的弊端：一是缺乏执行力度；二是立法不够全面和合理；三是某些法律条款不再适应现时体育彩票市场的发展。近年来个别地区出现了“私彩”现象，但由于缺乏相关的法律规定，这些违法行为难以界定。如湖北发生的“体彩”事件及形形色色的彩票官司，由于《刑法》尚无明文规定，法律人士在罪、责、刑问题上产生了争议。因此，我国的彩票业必须走法制化的道路，这样体育彩票业才能获得法律上的支持，从而实现健康、持续发展的目标。

1. 彩票的公益性

彩票相关法律法规，应明文规定彩票是国家授权进行的通过向社会筹集公益福利资金，资助社会公益福利的非营利事业。彩票属于一种特殊商品，彩票的发行也不是一般意义的经营活动，它虽然要通过市场来体现，但它毕竟带有浓厚色彩的政府行为，因此，应制定相关的法律为其提供保护。政府的其他有关部门，也应当配合和支持彩票的发行工作，时刻监督体育彩票的发行活动，保证体育彩票业的健康发展。

2. 彩票的发行主体

当前，我国体育彩票市场结构属于寡头垄断，这样虽然便于管理，但在很大程度上造成了资源的浪费。彩票一个最吸引人的地方就在于奖金返还率，返还率越高就越能吸引消费者购买。如果放开彩票市场，存在多家彩票机构竞争的局面，这些彩票机构为抢占市场，获得更高的市场份额，难免就会提高奖金返还率，以吸引购买者，有时还会用提高销售费用的方法来刺激彩票销售者的积极性，从而扩大彩票销量。这些行为无疑使彩票的发行与销售大打折扣，与彩票社会筹资的公益性背道而驰。而在世界上绝大多数国家中，一般是国家明确一个发行主体，只授权一个机构代表国家发行彩票，其他部门不许插手，从而有利于彩票的筹资效率。因此，我国也可以效仿国外的这一做法，确保体育彩票业的健康发展。

3. 彩票管理部门的职责与权限

彩票管理部门作为政府授权的彩票专门管理机构，应当具有发布彩票具体规则和指令的权力，也有维护国家彩票法律法规的职责。应授权这个管理部门根据市场变化情况适时制定相关游戏规则和管理办法，以促进我国彩票业的健康、有序发展。

4. 彩票公益金的使用、分配与监管

当前，体育彩票公益金的使用、分配与监管是一个非常重要的问题。

彩票公益金的使用是彩票发行宗旨的体现，如何用好这笔钱对于推动体育、社会公益和福利事业意义重大。因此，严密的财务制度和加强监管审计是维护这一事业健康发展的基本保证，故《彩票法》中对此必须作出明确的规定，严格审查制度和程序，提高彩票事业的社会影响力。

5. 彩票的税收政策

目前，我国对彩票的纳税规定是按照国家已有的税种，对彩票经营的各环节参照纳税，把彩票经营视为一般商品生产。然而彩票是一种特殊的商品，对彩票的纳税也应该采取相应特殊的政策和规定。世界各个国家的税法不同，对彩票纳税的具体规定也不尽相同，但统一税种和采取低税率，把彩票经营作为区别于一般商品生产的特种行业，则是多数国家通行的办法。凡是彩票业比较发达和经营时间比较长的国家，都只征收博彩税一项。如果彩票集资收入使用是国家指定的公益事业，则再纳税税率比较低，一般为百分之几。因此，我国彩票业也应与国际接轨，建立一个合理的彩票税收政策。

6. 必要的保护条款

在经营彩票的过程中，我们应尽可能地扬长避短。法律应对无行为责任能力者购买彩票作出必要的禁止性规定，减少其带来的消极影响。如关于未成年人能否购买彩票，现规定未满 18 岁者不能购买彩票，而在实际操作中很难。由于彩票是公益事业，是一种为体育、社会福利事业集资的活动，从这点讲，每个人都有权力去购买彩票。但是，从保护未成年人身心健康角度出发，体育彩票管理部门不提倡未成年人购买彩票。这就需要设立一定的法律条款，切实保障各类人群的利益。

7. 彩票的发行品种

发展至今，我国的彩票种类与国外相比无论是数量还是质量方面都存在着一定的不足。如电视彩票、赛马彩票、凯诺彩票、多种多样的即开型彩票以及竞猜足球之外其他体育比赛的彩票我们都是空白。这对于我国体育彩票市场的健康、快速发展是非常不利的。因此，在未来的发展中，要依靠市场来解决体育彩票的发行问题，促进我国体育彩票的长远发展。

8. 废票的法定说法

如果体育彩票的销售设备发生一定的故障，导致一批彩票成为废票，无法按规则来兑奖，就会发生一定的纠纷。如果认为这是买卖合同，因为一方的过错导致合同不能履行，仅仅把购彩票的款项退回，可能会导致一部分彩民感到不公平，认为买的彩票有可能中大奖。废票造成的原因不在于购买者，仅退还购票款似有问题，而至今所有的法规和行政规章中都没有对这种废票提出有依据的法定说法。

因此，针对以上情况，国家应该加强体育彩票的立法工作，使得彩票业有一个正式的法律身份，还要设立相关的监督机构，维护彩民的切身利益，这样才能更好地推动我国彩票业的发展。

（二）建立科学有效的彩票管理体制

管理体制对于体育彩票业的发展具有重要的影响。要想促进我国体育彩票事业的持续发展，就必须建立一个关于体育彩票业发展的科学的管理体制和运作机制。

日前在我国，彩票发行机构存在着两家并存的局面，如果单单从产业组织理论的意义上看，因为有竞争就可能比一家机构完全垄断彩票发行更有市场绩效。其原因是双方垄断把竞争引入市场，就会降低生产成本，改进质量和技术，进一步完善服务功能，从而使消费者在双方竞争下由于产品价格下调或质量上升，以及服务的改善带来消费的好处。但事实上，由于彩票发行并不是一般意义上的产业，硬性套用产业组织理论是不妥当的。如果脱离了政府垄断而搞多头市场竞争，不仅败坏了彩票的声誉，而且也将彻底使彩票业失去生存的根基。这其中的问题既有增加政府监督成本的问题，又有可能带来腐败和资源浪费。从世界许多国家发展彩票的历史经验来看，发行机构的独家垄断性是国际上最为常用的一种市场结构形式。只是授权的部门各国略有差异，但其实质均是以独家垄断为前提，由政府授权的独家发行彩票。但实际上，彩票的玩法或种类可以多种多样。

当前，我国的体育彩票组织机构为：国家体彩中心—省体彩中心—市体彩中心。市体彩中心与省体彩中心这一环隶属关系不强，市体彩中心属于市体育局，省体彩中心属于省体育局，这种松散的组织结构，不利于体育彩票市场的健康发展。因此，迫切需要改革体育彩票的管理体制，设计一个合理的管理体系。

1. 成立国家彩票管理局或类似机构，统一监管中国彩票业

针对当前我国体育彩票机构，可以设计三种方案。第一种方案是设立直属于国务院的彩票管理局或彩票管理办公室，这种方案符合世界上一些

国家的做法，使募集到的资金没有部门化的倾向，可以由国家统筹安排，适当分配使用，但容易淡化彩票特有的社会形象，容易让人产生这仅仅是一种“筹钱”的普通机构。第二种方案是成立类似中国证监会和保监会这样的组织机构，这样的机构应该具备以下条件：一是超权威性。对全国的彩票进行统一发行、统一印制、统一管理、统一销售渠道、统一使用分配、统一监督，以最大限度地利用现有彩票发行网络体系达到规模经济性。二是它由国家来管理，由舆论来监督。确保其经营目标和经营成果体现出最高程度的公益性，避免发行管理费用的结余被非政府的利益集团所获取，从而动摇人们对彩票公正性、公益性的信念。三是它必须与政府部门完全脱钩，彻底实现政企分开，避免“一套机构，两块牌子”。行政机构进行管理，企业公司来具体运作，这是彩票业发展的必然趋势，也是中国彩票业与国际接轨的一个重要标志。四是对于彩票资金的筹集与使用，要打破部门界限，实行统一管理。这种方案兼顾了体育彩票业长远发展的需要，不必再另行成立跨部门的委员会，其立足点是将彩票业做大，证监会和保监会的成功经验可以借鉴，有助于在各部委办中协调，且不涉及其他部委办的矛盾，这是目前最可行的方案。但是，目前彩票业与金融业、保险业的市场份额和国民经济中所占的分量还有相当大的距离，有没有决心把博彩业做大，这是设置这个机构决策的前提。第三种方案是成立中国彩票行业协会，这种设置的前提是必须授权这个机构有相应的特殊权利和责任，只有这样，才有可能担负起主管的使命，否则仅是一般意义上的行业协会，难以发挥大的作用，更难以完成设定的目标。无论采取哪种机构的监管方案，都要从彩票业自身的特殊性考虑，必须实行独家垄断经营和政府管制。

2. 构建高度垄断的国有独资彩票总公司或彩票集团公司

发行中国体育彩票必须要借助于一定的市场手段，因此体育彩票也要受到市场法则和市场经济的影响。因此，彩票的发行销售应按照市场固有的方式来运作。市场的运作是应该由商品经济活动的主体——企业来完成的，因此，经营彩票的机构应该是企业。但是，经营彩票的企业不能是一般的企业，而是一种在政府严格管理下的、高度垄断的、能够帮助彩票市场实行自控和他控的企业。这种企业的体制在目前中国的条件下，只能是国有独资公司，而且是一种较严格意义上的国有独资公司。

所谓国有独资公司，是指国家授权投资的机构或国家授权投资的部门单独投资设立的有限责任公司。这是一种特殊的企业组织形式，适合于某些独特的行业，这些独特的行业包括那些生产经营不直接以盈利为目的，而以社会效益为主，兼顾经济效益的行业，而体育彩票业就属于其中的一种。

彩票市场的政策性和公益性决定了我国彩票机构的体制改革可能要向着这个方面迈进。国有独资公司便于垄断，国有独资公司本身便是一种垄断。这个垄断是双方面的：一方面，国家对彩票的垄断，国家垄断专营或委托某机构、某部门垄断专营彩票；另一方面，国家对经营彩票的企业实行垄断，在资本上，是国有独资，不允许社会上其他成分的资本介入，在组织上，国有独资的董事委派制便于对企业进行严格管理。我们对我国彩票总公司或集团公司可采取如下形式的设计：将原有各省、市、自治区下属彩票发行机构一起并入总公司名下，采取类似人民银行跨地域分行的形式组建跨地域的下属公司，由分公司具体操作彩票发行工作，但不是每个省都要组建分公司。在现有彩票品种基础上，可进一步挖掘其发展的潜力，统筹规划市场，发行更多品种的彩票，并将现代化技术引入彩票业之中。同时，鉴于上述两个机构的实情，新的机构要充分利用现有人力、物力，但市场规模、市场规划、技术投入等均要由新的中国彩票总公司或中国彩票集团公司统筹安排部署，以避免造成资源的浪费。

3. 对彩票的发行类型不再加以限制

近些年来，我国彩票的类型逐渐增多，对彩票的限制也有所放宽。从前我们不允许发行乐透型彩票，认为乐透型或主动型彩票就是赌博，这种看法无论在理论上还是实践上，都是没有根据的。我们应该加快发展步伐，进一步放开彩票的发行种类。如世界上流行的六合彩、电视彩票、赛马彩票等，我国都比较欠缺，需要今后效仿其他国家开展多种形式的销售方式。另外，还应逐步放开彩票的额度，取消额度管理，这能在一定程度上刺激彩票销售，提高彩票业的竞争力。但需要注意的是，彩票头奖金额要结合实际情况而定，不能设置过高，否则会导致出现一系列社会问题，影响社会的稳定和团结。

（三）创新营销模式、即开型彩票前途光明

1. 宣传为即开型彩票的“生命线”

即开型彩票规模销售作为一种局部地区的定期市场行为，宣传方式的应用是重中之重，也就是通俗讲的“广告”，如何在有效的时间内让最大的目标人群获取信息，并加入体育彩票的购买活动中，是一个重要的问题。

(1)即开型彩票规模销售与各地区的经济发展水平有着非常大的联系,因此进行地区经济分析是非常有必要的。城市的经济总量、发达程度,以及外来打工者所在地区的比重都是重要的指标。这些数据的获得,能在一定程度上影响着体育彩票的宣传方法和宣传投入的总量。

(2)找准即开型彩票市场的定位。这里的市场定位主要是指针对购彩人群进行有选择的宣传。分析各个地区的即开型彩票主要购买人群,这样才能做好彩票的宣传工作,提高宣传的效果。

(3)宣传方法的选择。有些即开型彩票规模销售组织者为了图省事,简单地利用报纸、电视、广播等媒体进行宣传,忽视了即开型彩票的主要购买人群采集有关信息的渠道,致使难以获得理想的宣传效果。因此,要革新宣传方法,既要有群众喜闻乐见的方法,也要有创新的宣传手段。

(4)宣传的到位程度。看体育彩票的宣传到位程度够不够,只要细心留意一些街头巷尾的谈话,彩票是否已经成为该地区的一个热点。在销售之前,看看该地区是否真正进入一种购彩氛围之中。

(5)购彩现场宣传。一般来说,现场宣传离不开氛围的营造,使到场的彩民有一种开心购彩的欲望,这些工作离不开经验丰富的主持人,以及明星聚集人气的效果。事实表明,明星在将来的一段时间内是现场宣传、烘托气氛的一大法宝。从组织工作方面来讲,宣传工作在很大程度上影响着体育彩票的销售成绩,因此要引起高度重视。

2. 加大网点销售力度,创新营销模式

网点式销售是当前体育彩票销售的重要手段。经过一段时期的发展,这一销售形式取得了很好的业绩。网点即开型彩票具有极大的优势,这主要表现在:投入少,运营成本极低,没有财务负担,属于低成本彩票,如销售方法得当,有利于大面积推广。一般来说,即开型彩票与电脑彩票是互为依存、互为补充的关系。就像事物有对立统一的两个方面,商品的卖点不同,电脑彩票将50%的奖金的大部分集中到大奖,目的是吸引想中大奖的彩民群体。而即开型彩票则把奖金的大部分放在基础面,扩大彩民的受惠面,以适应不同需求的购买群体。这两种彩票在同一市场甚至同一销售点并行不悖的现实告诉我们,这两个彩民群体甚至更多的彩民群体都是客观存在的。两种彩票的并存,相互影响,相互促进,共同推动着体育彩票业的发展。

3. 开发新的品种与玩法

我国现有的体育彩票品种比较单一,要想吸引大量的彩民参与,就要

开发出多种玩法与品种。我们可以吸取和借鉴国外的先进经验。比如,法国的即开彩年销售量占全国彩票销售的40%,其原因就在于它的玩法灵活,票种设计繁多,并且根据某一个时点上的消费热点来设计,从而引起不同消费人群的兴趣与关注。其中,一年之中的各种节日成为被广泛利用的素材,情人节、母亲节、圣诞节……每个节日都可以引起与节日有关的人的关注,因此,即开彩成为节日添彩、助兴的"作料",彩票与彩民保持着亲密的接触,"节日彩票"也受到人们的欢迎。

即开型体育彩票在中国彩民心中有一定的市场和地位,而要让它更加深入人心,关键就在于开发新的品种和玩法,通过品种的多样性和趣味性来吸引更多的彩民参与其中。目前国际上流行的彩票有十几大类上百种,其中有相当一部分是和体育赛事有关的,这些都是中国即开型体育彩票今后可以利用的资源。对于国家体育彩票管理中心来说,要学习国外先进的经验,结合我国的具体国情,开发更多的新品种以引领中国体育彩票发展的方向。

第三节　体育旅游业的发展与管理

一、体育旅游的概念

"旅游"是指个体在目的地或者在去往目的地的途中进行游览、游玩的一种休闲或消遣活动。而体育旅游,则是指以观看、欣赏和参与各种体育活动为目的的旅行游览活动。将旅游活动作为"体育活动"的形式或载体时,体育旅游又可定义为一种以旅游活动为主要活动形式和载体,来进行的一种体育活动。

从字面上就可以看出,体育旅游是"体育"与"旅游"的有机结合。目前来看,"休闲"和"探险"成为体育和旅游结合最为紧密的两个方面。

体育旅游是一种重要的健身休闲方式,人们参与其中能获得愉悦的心理享受,因此体育旅游业越来越受人们的欢迎和喜爱。当前,我国已初步建立和形成了一个较为丰富的体育旅游体系,其内容丰富、形式多样(图7-1)。大量的体育旅游项目开始在我国兴起和传播,推动着体育旅游业及周边产业的快速发展。

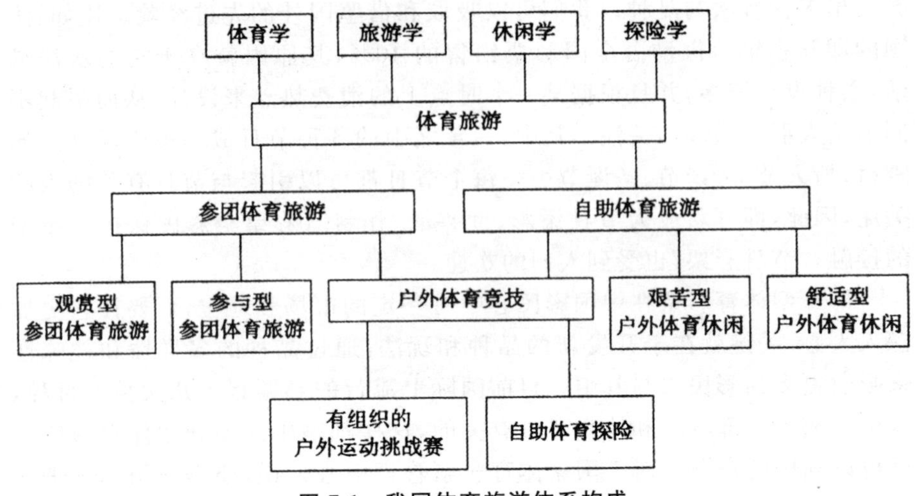

图 7-1　我国体育旅游体系构成

二、体育旅游的特点与类型

(一)体育旅游的特点

与一般的旅游不同,体育旅游呈现出以下鲜明的特点。

1. 回头率非常高

对于传统旅游而言,主要以景区景点的观光为主,当旅游者在参观某一景点后在相当长的一段时间里很可能不会再来此地进行旅游。但是对于体育旅游而言,如果消费者爱好某一体育旅游活动则会反复前来体验,因而回头率较高,如人们参加滑雪、高尔夫球等运动就是这样一种心理。这是与传统旅游的最大不同之处。

2. 对参与者的技能要求较高

传统旅游对参与者的技能要求不高,甚至不需要任何技能。而体育旅游则不同,体育旅游或多或少对参与者有一定的身体素质和技术技能要求。有些项目,如冲浪、高山探险、攀岩和户外挑战赛等,对参与者的要求更高。

3. 风险性较高

一般来说,大部分的体育旅游项目都具有向大自然和人类极限挑战的性质,因此存在着一定的风险,如徒步穿越旅游、骑马旅游、登山旅游、滑雪旅游、野营旅游、自行车旅游、自驾车旅游、探险旅游以及潜水、漂流、攀岩、速降等活动，都有可能会遇到突发的危险并出现事故。如在前些年四川省发生的一起由一位国内资深山地导游带两名北京客人登山遇雪崩造成两死一伤事件；深圳山地救援队队长在野外误食有毒植物身亡；西欧某国小学生在参加野外生存训练返回途中发生车祸造成多人伤亡等。这些事件都说明体育旅游具有较高的风险性。造成危险事故的原因主要有自然因素、人为因素和综合因素。虽说自然因素不可抗拒，但建立一个体育旅游的安全防范体系还是尤为必要的。

4. 消费性较高

与传统旅游相比，体育旅游属于一项高消费活动。首先，在参与体育旅游活动之前，体育旅游消费者需要了解和大致掌握相关的知识，需要学习专门技术，这就需要进行一定的专业培训和专门的训练；其次，许多体育旅游项目需要专用服装、工具和设备等，这些用品的购置成本费用较高；第三，在参与体育旅游活动的过程中，往往需要雇佣专业导游或专职教练，团队活动时还需要聘请有经验的专业向导、顾问和医生等；第四，由于体育旅游的高风险性，要求参与者必须购买意外保险，这又是一笔开支。因此体育旅游消费水平比传统旅游要高。

5. 体验性较强

在体育旅游业发展的过程中，体育消费者的“体验”需求越来越高涨。休闲体育旅游不是走马观花，而需要旅游者参与在各种活动之中。体验式体育旅游是适应当前旅游市场发展需求的产物，它是以一定的旅游资源和体育资源为基础，以旅游商品的形式为旅游者在旅行活动中提供健身、娱乐、休闲、交际等各种服务，使旅游者能够获得独特的旅游体验。

6. 地域性明显

一般来说，体育旅游资源的分布存在一定的地域差异性，各地区的体育旅游都带有浓厚的地方色彩。如我国北方冬季的冰雪运动、沿海地区的海上运动、山区的登山运动和沙漠地区沙漠探险等，都呈现出明显的地域性差异。正是由于这一差异性才能促使大量的体育消费者前往异地参与体育旅游活动。

(二)体育旅游的类型

1. 观光型体育旅游

观光型体育旅游就是指在远离常住地,主要通过视听对体育活动、体育建筑物官邸、体育艺术景点、各具特色体育文化进行欣赏体验的过程,旨在从中获得愉悦的感受,如观看奥运会、世界杯等大型体育赛事都属于观光型体育旅游的范畴。旅游者在投身于“体育文化”所进行的旅游体验过程中,能与当地的体育文化进行交流,是体育旅游审美活动的重要形式之一,这表现出体育旅游重要的美育功能。

2. 竞赛型体育旅游

竞赛型体育旅游是指以参加某种体育竞赛为主要目的的运动员、教练员以及与竞赛有着密切相关的人员,为了组织和参加某种体育竞赛,在旅游地逗留一段时间并在比赛之余从事各种观光活动。奥运会、世界杯、亚运会等都属于竞赛型的体育旅游活动,另外,定向越野、滑雪、帆船等也属于这一类型赛事。

3. 休闲度假型体育旅游

休闲度假型体育旅游是指以消除疲劳、调整身心、排遣压力为主要目的具有体育元素的旅游活动。其最大的特点就是人们在某个度假时期或节假日期间所进行的体育旅游活动,如打保龄球、打台球、打羽毛球等活动。这一类体育旅游活动越来越受到人们的青睐。

4. 健身娱乐型体育旅游

健身娱乐型体育旅游是指以娱乐性的体育健身、疗养、体育康复为主要目的的旅游,通过参与这一体育旅游活动,人们能实现健身娱乐,消除疲劳,缓解压力的目的,如钓鱼、冲浪、骑马、游泳等都属于这一类体育旅游活动。

5. 拓展型体育旅游

拓展型体育旅游是指结合体育旅游活动的拓展训练的内容和某些活动形式,组织旅游者在崇山峻岭、瀚海大川等自然环境和人工环境中磨炼意志、陶冶情操、完善人格、熔炼团队、满足旅游者寻求刺激、猎奇、挑战极限意愿的旅游形式。拓展型体育旅游的形式比较新颖,深受现代人的推崇，因此参与者越来越多，影响力也越来越大。

6. 极限型体育旅游

极限型体育旅游是人类向自身生理和心理极限的一种挑战。一般来说，极限型体育旅游项目的难度非常大，风险性也较高。一般未经专业训练和不具备专门知识的人不宜参加此类活动，故其被称为少数人的运动。但由于这类活动已得到了越来越多人的关注，为满足人们的参与需求，部分项目现已被简化并给予相应的安全保障。

以上是体育旅游的几个基本类型。实际上，体育旅游的种类繁多、情况各异，还有其他类型的体育旅游形式，在此就不一一列举了。

三、体育旅游市场的开发与管理策略

（一）体育旅游管理体系内容

1. 体育旅游资源管理

体育旅游资源，是指能充分激发消费者的体育旅游动机，能运用于体育旅游产业经营管理，并创造经济价值的各种资源。[①]

我国地大物博，体育旅游资源十分丰富。一般情况下，可以将体育旅游资源分为三类（表 7-2、表 7-3、表 7-4）。

表 7-2　体育自然旅游资源及体育旅游项目开发

类别	自然资源	体育旅游项目开发
生物类	森林风光、草原景色、古树名木、珍稀动植物等	森林穿越、野外生存、草原骑游、溜索、滑草、狩猎等
水体类	江河、湖泊、溪流、瀑布、海洋等	潜海、滑水、冲浪、漂流、溯溪、溪降、垂钓、游泳等
地表类	山地、山峰、峡谷、洞穴、沙滩、戈壁、荒漠等	野营野炊、登山、攀岩、速降、洞穴探险、徒步穿越、滑沙、沙滩排球、沙地足球等
大气类	云海、雾海、冰雪、天象胜景等	溜冰、滑雪、攀冰、高山摄影、滑翔伞、滑翔机、热气球等

① 钟天朗．体育经营管理：理论与实务[M]．上海：复旦大学出版社，2004.

表 7-3 体育人文旅游资源及体育旅游项目开发

类别	人文资源	体育旅游项目开发
历史类	古人类遗址、古建筑、古代伟大工程、古城镇、石窟岩画等	考古探险、徒步穿越、驾车文化溯源等
园林类	特色建筑、长廊、人工花园、假山、人工湖等	野营、野炊、垂钓、划船、定向穿越等
宗教类	宗教圣地、宗教建筑、宗教文化等	转山、转庙、登山、徒步文化溯源等
文化娱乐类	动物园、植物园、游乐场所、狩猎场所、文化体育设施等	野营、野炊、狩猎、垂钓、划船、定向穿越、观赏体育赛事等
民族民俗类	民族风情、民族建筑、社会风尚、传统节庆、起居服饰、特种工艺品等	射箭、赛马、摔跤、秋千、推杆、民族歌舞竞赛等

表 7-4 体育活动类旅游资源及体育旅游项目开发

类别	活动类资源	体育旅游项目开发
观赏类	体育场馆、体育赛事	观看奥运会、世界杯赛事、全运会等
竞技类	体育赛事	观赏体育赛事
体验类	所有与体育相关的自然和人文资源	野营野炊和自驾车体育旅游
探险类	高山大川、江河湖海、特殊地形地貌	登极高山、无氧攀登、洞穴探险

体育旅游资源的开发应遵循市场经济发展的规律，还要有一定的针对性。要根据当地条件，合理设计体育旅游项目，充分利用当地的体育旅游资源，彰显本地特色，以吸引体育旅游者的目光。

2. 体育旅游设施管理

体育旅游设施管理是体育旅游市场管理的重要内容，管理者一定要十分重视。

(1)体育旅游基础设施。主要包括运动场所及各种配套设施；体育旅游活动的各种设备与器材；体育旅游安全与保障设施等内容。

(2)体育旅游接待设施。主要包括公用设施，如车站、停车场等；各种生活设施，如银行、商店、医院等。

3. 体育旅游服务管理

为保证体育旅游活动顺利进行而为消费者提供的各种服务称为体育旅游服务。体育旅游服务管理也是体育旅游管理的重要内容。

体育旅游管理者在体育旅游活动组织与开展的过程中，要重视服务人员的培养和培训，采取各种措施提高服务人员的综合素质，以为体育旅游者提供良好的服务。

（二）体育旅游市场的开发与规划

1. 体育旅游市场开发与规划的原则

要保证体育旅游业的可持续发展，就必须要重视体育旅游市场的开发，在开发的过程中必须要遵守以下基本原则。

(1)坚持市场导向原则。体育旅游管理者要坚持以市场需求为依据，分析体育旅游者的特点和需求，从而开发出满足体育旅游者欲望的旅游产品或服务。体育旅游者的旅游动机和需求不是一成不变的，在各个时期会发生一定的变化，因此体育旅游管理者要本着发展的眼光看问题，充分调查与分析体育旅游市场的发展情况，掌握体育旅游的需求变化情况，从而提供与之相应的产品或服务。

(2)坚持环境保护原则。当前，有一部分体育企业为了追求高额的经济利润而忽略了环境保护，这种做法是不可行的，从长远来看，对于体育产业的发展是非常不利的。因此，在体育旅游市场开发的过程中要将资源配置与环境保护充分结合起来，管理者要结合实际情况制定一个开发体育旅游市场和保护环境的规划，防止自然环境的破坏。

(3)个性化原则。在体育旅游开发的过程中，制定的发展规划要彰显个性化，这样才能吸引大量的消费者参与其中，提高体育旅游产品的竞争力。在开发旅游产品的过程中，要充分挖掘当地的特色，开发出独具地域特色的体育旅游形象，从而激发人们参与体育旅游活动的热情。

(4)健康安全原则。健康安全原则是指体育旅游管理者在开发旅游产品时要将旅游者的安全放在第一位，保证开发出的产品能符合大众的健身需求，保证人们安全地参与体育旅游活动。

(5)居民参与原则。居民是体育旅游活动的参与主体，因此居民享有体育旅游市场开发规划的知情权。体育旅游市场开发者应尊重当地居民的权益，主动为居民提供体育旅游开发的相关信息，加强与居民的沟通与交流。

(6)系统开发原则。一般来说，体育旅游市场开发区域的体育旅游资源非常丰富，在开发体育旅游资源的过程中可以集合不同优势的体育旅游资源,提高体育旅游资源在市场中的竞争力。

(7)综合效益原则。在开发与规划体育旅游市场时,应注重体育旅游资源的价值,注重投入与产出的合理化,从而实现经济效益、社会效益和环境效益的最大化。

2. 体育旅游规划步骤

(1)可行性分析。重点对体育旅游资源开发的必要性、市场发展前景、开发所得利益等内容作细致的分析。

(2)收集资料并进行分析。在开发体育旅游资源前,收集与体育旅游市场相关的各种资料,并进行深刻的分析。

(3)实地考察与调研。对区域内的体育旅游资源进行实地考察,了解与掌握体育旅游资源的分布情况及周边环境情况、民俗情况等。

(4)编制体育旅游规划。根据以上调查与分析所得出的结果确定体育旅游规划,然后根据总规划制定一系列小规划。

(5)评审规划。委托聘请相关专家组成规划评审小组,评审体育旅游规划的科学性、合理性及可行性,最后给出评审建议。

3. 体育旅游开发与规划的对策

(1)推动体育旅游业态融合。体育产业与旅游产业都属于我国的新兴产业,二者的融合与发展对于我国社会经济的推动具有重要的影响和意义。但是,目前二者还未实现真正意义上的融合,应正确认识和把握旅游产业与体育产业融合的本质和规律,积极创新二者融合与发展的手段和策略,设计功能完善的能吸引旅游者的产品,推动二者实现共同发展。

(2)培育体育旅游规划专业人才。当前,我国非常缺乏体育旅游方面的专业人才,既缺乏体育旅游学术研究人才,也缺乏体育旅游实践人才。因此,加强体育旅游专业人才的挖掘与培养至关重要,我们要参考和借鉴发达国家的先进经验,引进西方国家的高水平体育旅游人才,促进我国体育旅游人才体系建设。

(3)开发多元化特色体育旅游产品。开发出多元化的体育旅游产品能满足不同消费者的各种体育旅游需求,这是时代变化与发展的要求。通过特色体育旅游产品的开发,能帮助我国建立独具特色的体育旅游品牌,增强体育旅游在社会上的影响力。

(4)加强体育旅游营销宣传。为促进我国体育旅游市场的进一步发展,加强体育旅游的营销宣传尤为必要。通过各种促销宣传等手段的利用,能激发人们参与消费的热情,提高人们的体育旅游消费水平,对我国体育旅游市场的发展具有重要的意义。

第八章　区域经济一体化下体育产业运营与管理的实证分析

进入 21 世纪以来，各个国家或地区展开了密切的沟通与交流，这对于加强国与国之间、地区与地区之间的合作具有重要的意义。发展至今，全球一体化的趋势越来越明显，在这样的背景下，区域经济一体化作为其中重要的一部分也对整个社会产生了深刻的影响。本章就重点研究区域经济一体化背景下我国体育产业是如何运营与发展的，并通过深入研究与分析，找出促进区域体育产业一体化发展的对策。

第一节　区域经济一体化概述

一、区域经济一体化的概念

区域经济一体化，又可以称为“区域经济集团化”，指同一地区两个以上的国家逐步让渡部分甚至全部经济主权，采取共同的经济政策并形成排他性的经济集团的过程。区域经济一体化的组织形式非常丰富，一般情况下，主要有优惠贸易安排、自由贸易区、关税同盟、共同市场、经济联盟和完全的经济一体化等几种形式。目前一体化程度最高的区域经济集团是欧洲联盟。

二、区域经济一体化发展的动因

（一）经济动因

区域经济一体化的发展为各个国家或地区造就了广阔的经济市场，有利于实现资源优化配置，各成员国和地区可以分享广泛的经济利益。从经济利益角度出发，组成某种形式的区域经济一体化的本意就是谋取单独一国难以获得的利益，例如大市场所带来的发展空间。希望通过合作能为本国或本地区带来经济利益的最大化，是各个参与一体化的国家或地区的目标。此目标受到一体化组织内部各成员经济发展水平和经济结构的制约，由此在一体化组织内部并存的发达国家和发展中国家对于区域经济一体化合作所带来的经济效应的期望也不尽相同。一般情况下，区域经济一体化对各国或地区的影响主要表现在以下四个方面。

1. 带来整体规模经济效应

区域经济一体化的发展可以有效扩大市场规模，加强国与国之间或行业与行业之间的竞争。竞争的加强将刺激产业各部门技术和管理水平的提高，从而促使生产效率趋于提高，生产成本趋于下降。由于各成员国之间市场的开放、厂商间竞争的加强、成本的降低，可以使消费者以较低的价格获得更为实惠的商品，从而为各成员国消费者带来福利。

2. 优化资源配置

当区域经济一体化发展到较高程度时，各成员国会相互消除贸易壁垒，这能优化各国生产要素及资源配置，提高生产分工的专业化水平。

区域经济一体化组织内部技术和人才的流动，通过更广范围和更深层次的国际技术外溢和管理外溢来带动成员国国内行业间和行业内的技术和管理外溢，促进整个区域研究与开发的发展，提高区域内各成员国的科学技术水平。因此，在这样的条件下，生产要素的自由流动提高了资源优化配置的效率，加强了各国或地区之间的经济联系，促进了各国经济的共同发展。

3. 带动周边经济体合作的开展

根据资源禀赋理论，每个国家或地区的资源禀赋存在一定的差异，而生产要素供给不同，是产生国际或区际分工和贸易的基本动因。按生产要素的丰裕稀缺程度进行专业化分工，可以提高生产要素的利用效率，降低生产，从而实现利润最大化。区域经济一体化可以在扩大化的市场内部开展更为紧密的合作，并使得成员国各方货物和服务进入彼此市场的机会增加，从而增强成员国间的市场竞争力，比较优势得到进一步发挥，促使专业化分工不断向广度和深度拓展。由此可见，区域经济一体化组织能吸引周边经济体的目光，促使周边经济体同区域经济一体化组织展开各方面的交流与合作，从而实现共同利益，促进共同发展。

4. 综合经济效应

(1)国民收入的传导效应。在构建区域经济一体化组织后，市场贸易壁垒完全取消，这极大地刺激了一体化组织各成员国的出口增加，促进各国出口产业发生规模经济效应，从而可以引发国民经济其他部门的积极影响。这主要表现在出口增加所发生的乘数效应可以导致国民收入的总体增加。在区域经济一体化高度发展的背景下，这种传导效应会不断扩散，推动着各国经济的不断发展，增强国际竞争力。

(2)改善区域投资环境。在区域经济一体化背景下，各国间的经济壁垒消除，投资障碍不断减少，投资环境也得到了逐步的改善，投资风险和成本大大降低。另外，由于组织外部的企业为了绕过各种关税和非关税壁垒，会使得该企业将生产点转移到区域组织内，因此随着这种生产转移，大量的国外直接投资流入区域经济组织内。而在国内厂商投资增加以及区外资本向区内资本的转移和聚集效应的综合作用下，区域内部的经济发展将会上升到一个新的台阶，将对世界经济产生深远的影响。

(3)增强自身谈判力。随着国际上各国或地区质检的经济竞争日益加剧，各国间的贸易摩擦也在不断增加。在国际经济事务的谈判中，单一国家往往显得势单力薄，在谈判中的讨价还价能力较弱。因此，他们必须通过区域一体化组织这种形式，来解决各种争端，维护自己的权益。另外，在组织内部一国的各种建议更容易被采纳，而这种声音进而可以通过一体化组织在全球范围的经济谈判中得到放大。

除此之外，区域经济一体化可以极大地增强组织的总体经济实力，容易形成集团经济竞争力，在世界经济中占据着举足轻重的地位。

(二)政治动因

政治因素也是影响区域经济一体化发展的重要因素，相关的政治因素主要表现在以下几个方面。

1. 安全保障因素

区域经济一体化的发展，首先就要有一个安全的环境。因此，安全保障因素是区域经济一体化发展的根本政治动因。各成员国在追求区域经济一体化的政治利益时，通常将安全保障因素列为首要任务。各成员国通过区域经济一体化组织这种形式可以获得安全保障。随着经济全球化的快速发展，世界上各个国家开始意识到加强区域经济合作的重要性并规划逐步走向一体化组织进程。如墨西哥加入北美自由贸易区，其实也是出于本国的政治安全利益考虑。

在当前经济全球化发展的背景下，各国加入区域经济一体化组织，可以有效缓解自身的安全困境。各成员国在区域层面寻求政治保护，以期获得政治安全保障。各成员国在一体化组织的形式下，国家间的相互信任感增强，政府间的合作也越来越紧密。目前，合作安全模式是一种新型的安全模式，这一模式能为区域经济一体化组织的成员国提供重要的安全保障，因而受到各成员国的青睐。

2. 适应国际政治多极化的需要

随着经济全球化的不断发展，当前国际政治格局也发生了深刻的变化，已经步入多极化发展趋势。在多极化发展格局下，南北关系总体上也由对抗逐步转为对话和合作。各主要大国在经济、贸易、科技等领域的矛盾和竞争日益加剧。以往在两极化格局中的军事和意识形态因素地位明显下降，而经济地位得以不断提升。各国在多极化格局下的政治合作联盟也以相应的经济联盟作为保障。因此，在世界政治格局多极化的条件下，区域经济一体化组织的地位更加巩固，各成员国之间的沟通与交流越来越密切。

（三）制度驱动

发展到现在，区域经济一体化发展迅速，为各国的经济发展带来了巨大的利益。其之所以能获得如今程度的发展，是与良好的制度驱动分不开的。促进区域经济一体化发展的制度驱动因素主要体现在以下两个方面。

1. 市场化改革与发展

各国经济的不断发展为区域经济一体化组织的建立与发展创造了良好的经济基础，而市场化的发展也为其提供了良好的制度保障。在 21 世纪的今天，绝大部分国家已经进入市场经济发展体制中，即使是传统的市场经济国家，也在不断改革国内的市场经济体制。在此条件下，区域经济一体化组织通过一些有形的具体承诺以及条约协定来促进成员国市场经济体制的改革和发展。在区域经济一体化组织下，通过成员国之间的谈判以及经济合作伙伴关系的安排，使得双方的经济法规和管理得以实现整合，成员国在区域经济一体化的框架下可以促进相互之间的经济体制改革，提升经济实力。如墨西哥参与美加墨自由贸易区，东欧转型国家加入欧盟都是为了提升自身经济实力的目的。

2. 区域经济合作优于 WTO 多边贸易体制

WTO 对于各国经济的推动产生了非常重要的作用。但是，近年来 WTO 多边贸易谈判面临着不少困难，各国多边合作遇到了一些体制性障碍。这主要是由于 WTO 多边贸易体制自身存在的一些局限性所致。WTO 目前组织庞大，运作程序比较复杂，一些贸易协定在 WTO 体制下由于各成员国相互之间存在矛盾，很难在短时间内达成共识，多边贸易谈判从某种意义上说，已经成为了马拉松式谈判。究其原因主要包括以下两个方面：谈判所涉及的议题过多，另外，WTO 对于各项议题的谈判，必须基于"一致接受"才能继续进行。

区域经济一体化合作比 WTO 多边贸易体制具有更多的优势。这主要是由于参与区域经济一体化合作的各国通常在地理位置上相邻近，生产力发展水平较接近，历史文化背景相类似。在区域经济组织合作框架下，区域一体化能够更有针对性、更为灵活地解决地区内存在的问题。另外，区域合作可以涉及一些多边体制下难以涉及的问题，诸如劳动问题、环境问题等。区域经济合作可以弥补 WTO 体制下的不足，因而发展空间更大。由于多边体制下的贸易谈判屡遭失败，因此各成员出于国家利益和战略目标的考虑都倾向于推动区域经济一体化的合作与发展。

三、区域经济一体化发展的模式

（一）按照合作的层次以及经济的融合程度区分

美国经济学家巴拉萨认为经济一体化是商品、资本和劳动力在有关国家内移动的所有人为限制的完全消除。英国的 A. M. 阿格拉认为"经济一体化涉及在至少两个参加国之间的所有贸易障碍的有区别的消除，以及它们之间促进彼此合作和协调的某些要素的建立"，是一个动态的过程。加拿大的 R. 利普西将此动态发展过程中存在的形式分为以下六种。

1. 优惠的贸易安排

优惠的贸易安排，是指在实行特惠贸易的成员国之间，通过贸易协定的基本形式，对某些商品实行关税优惠的政策。这一政策在经济全球一体化的初级阶段较为常用。

2. 自由贸易区

自由贸易区，指由签订有自由贸易协定的两个或两个以上的国家或地区组成的贸易区域。自由贸易区内逐渐减免甚至取消关税与进口数量限制，同时，保留成员国各自的原有独立的对区外国家的关税结构和其他贸易保护措施。

自由贸易区存在着一定的局限性，它会在一定程度上导致发生“贸易偏转”问题。当出现这一问题时，如果没有一定的补救措施，第三国可能将货物先运进一体化组织中实行较低关税或贸易壁垒的成员国，然后再将货物转运到实行较高贸易壁垒的成员国出售。为了避免出现这种商品流向方面的扭曲，自由贸易区一般均制订“原产地规则”，规定只有自由贸易区成员国的所谓“原产地产品”才能享受成员国之间给予的自由贸易待遇。当然，由于各国经济的国际化，若将某国境内生产的所有商品都作为该国原产地产品显然是不行的，因此在组建自由贸易区的协定中对于原产地标准都有明确规定。理论上，凡是制成品在成员国境内生产的价值额占到产品价值总额的50％以上时，该产品应视为原产地产品。然而在现实中，原产地产品的标准在不同的自由贸易区中是不同的，在同一个自由贸易区中对不同部门所生产的产品也是不同的。一般而言，第三国产品越是与自由贸易区成员国生产的产品相竞争，对成员国境内生产品的增加价值含量要求就越高。总之，原产地规则的制订表明了自由贸易区对非成员国产品的某种排他性。

3. 关税同盟

关税同盟，是指两个或两个以上的国家通过签订条约或协定取消区域内关税或其他进口限制，并对非同盟国家实行统一的关税率而缔结的同盟。总体来看，共同对外关税主要有两方面的作用：一方面，能避免自由贸易区需要以原产地规则作为补充，以防止产生“贸易偏转”问题。在这里，代替原产地规则的是共同筑起的“对外壁垒”，从这个意义上看，关税同盟比自由贸易区的排他性更强一些。另一方面，它使成员国的“国家主权”出让给经济一体化组织的程度更多一些，以致一旦一个国家加入某个关税同盟，它就失去了自主关税的权利。

欧洲经济共同体的建立就是一个比较典型的例子。它在建立初期就明确规定，要经过十年的过渡期，完全取消成员国之间的相互关税和非关税壁垒，相应地建立起共同的对外关税，其共同对外关税的水平为各成员国原来关税水平的平均数。发展到现在，欧洲经济共同体已发展升级为一个共同市场，对于各国经济的发展及在全球经济中的地位都起到了重要的作用。

4. 共同市场

共同市场，是指除了在成员国内完全废除关税与数量限制并建立对非成员国的共同关税。这种形式比关税同盟有一定的先进性。

共同市场这一模式能帮助成员国实现商品、劳务、资本和人员的自由流动，从而推动体育产业的全球化发展。商品和劳务的自由流动意味着商品贸易和服务贸易的完全自由；资本的自由流动意味着各成员国政府不能干预发生在它们之间的直接或间接的资本流动，也不能对资本流动设置任何障碍；人员的自由流动意味着成员国的居民可以在共同市场内的任何国家或地区生活居住，寻找工作机会。与关税同盟相比，各成员国不仅向“共同体”让渡商品和服务贸易管理的权利，而且还让渡了干预资本和人员流动的权利。从这个意义上说，共同市场的一体化程度更高。

5. 经济联盟

经济联盟，是指两个或两个以上的国家之间通过达成某种协议，不仅要实现共同市场的目标，还要在共同市场的基础上实现成员国经济政策的协调。经济联盟的显著特征是，在成员国之间实现市场一体化的基础上，进一步实现为保证市场一体化顺利运行的经济政策方面的协调。这种政策协调包括财政政策协调、货币政策协调和汇率政策协调。这种政策协调从根本上有助于商品市场、资本市场和劳动力市场顺利运行，在很大程度上消除了成员国政府在经济政策的某些调整方向或调整程度的不一致给市场一体化的正常运行带来的干扰。

经济联盟是经济一体化程度更高的一体化组织。参加这一类型一体化组织的国家不仅要让渡对商品、资本和劳动力流动的干预权利，还要将政府干预或调节经济的主要政策工具上交给超国家的国际经济一体化组织，有些一体化组织更进一步，还要实现货币联盟。

“欧洲经济联盟”(EEU)就是其中一个典型的例子。从经济上看，欧洲经济货币联盟是一体化程度较高的经济联盟，其货币政策的协调表现为，寻求并业已建立了单一的欧洲货币——欧元，从而简化了货币政策协调的方式和内容。

6. 完全的经济一体化

完全的经济一体化，是指两个或两个以上的国家通过达成某种协议，成员之间在实现经济同盟目标的基础上，还要进一步实现政治、外交、安全等方面的合作和统一。一般来说，这一模式主要包括两种形式：一是联邦制，其特征是一体化组织的权利优先于各成员的权利，因而权利的主体在超国家的一体化组织，它类似于一个国家。二是邦联制，其特征是各成员的权利优先于超国家经济一体化组织的权利，因而权利的主体在各成员国。

从理论上看，完全的经济一体化是最高级别的经济一体化组织。第一种形式（联邦制）就是一个联合在一起扩大了的国家，只是从历史的形成上将其作为一个一体化组织。后者也仅次于一个国家。现实中，前苏联解体后形成的独立国家联合体基本上属于此种类型。

需要注意的是，在理论上并不存在经济一体化组织由低级向高级发展的必然性，即自由贸易区并不一定会升级到关税同盟，关税同盟也不一定升级到共同市场，共同市场不一定升级到经济联盟等。当然，在现实中，要使关税同盟彻底地贯彻执行，有必要使关税同盟向共同市场甚至向经济联盟发展，欧洲共同体的建立就说明了这一点。实际上，随着成员国经济的发展，经济一体化程度越来越深。

区域经济一体化组织出现的时间较早，但在某一段时期内发展得较为缓慢，其作用也没有得到有效发挥。发展到 21 世纪，区域经济一体化的潮流不可阻挡，在全世界范围内逐渐流行起来。目前，区域经济一体化已渗透进社会各个层面，其作用也越来越大。

（二）按合作范围分类区分

1. 部门经济合作

部门经济合作，是指区域内各成员国的一个或几个部门达成共同的经济联合协定而产生的区域经济合作形式。

一般情况下，区域经济合作的范围非常广泛，但不是每一个区域经济合作都包括所有的合作范围。一些区域只具备部分资源或条件，因此可以寻求与资源或条件丰富的区域开展部门经济合作。资源、行业、交通规划等方面的合作均属于部门经济合作。

2. 全面经济合作

全面经济合作，是指在政府的推动下，区域之间开展包括区域市场建设、要素区域配置、区域交通建设、区域金融合作、区域信息网络建设等全面的经济合作。区域基础设施建设、区域法制建设等都属于其中重要的内容。

（三）按资源禀赋和资本、技术水平的标准区分

按资源禀赋和资本、技术水平标准划分，可以分为以下两种形式。

1. 水平经济合作

水平经济合作，是指由经济发展水平大致相同或相近的国家所组成的

经济一体化组织。这一模式在经济发展水平相当的区域之间产生和流行，主要是在产业技术含量基本一致的基础上展开。此外，同一产业内部的分工合作也是水平合作的主要方式。当今，发达国家之间的合作基本都采用这一模式。

2. 垂直经济合作

垂直经济合作，是指由经济发展水平不同的国家所组成的区域经济合作形式。这一模式主要是合作各方在经济发展水平相差较大、技术差距明显的情况下，各参加方依照比较优势原则进行合作。发达国家与发展中国家展开经济合作时常采用这一模式。

除此之外，还有其他划分标准，如按合作的对象和内容为标准可区分为生产合作、资金合作、劳务合作、技术合作和信息合作等；按照合作的时间长短分为长期合作和短期合作；按照参加方地理距离分为相邻区域合作和跨区域合作等。这些模式在各个国家展开合作时也会利用到，因此也要了解和熟悉这些模式。

四、区域经济一体化发展的原则

发展到现在，区域经济一体化的发展趋势日益明显，世界上大部分国家或地区为促进社会经济的发展都采用这一模式。各国之间展开合作可以说是适应国际经济环境和全球分工体系发展变化的需要。参加区域经济合作的经济体，在不同的区域经济一体化组织中，情况有很大不同。既有经济发展水平相近，也存在经济发展水平差距很大的状况。在 20 世纪 80 年代之前，经济发展水平相近是组成一体化组织的重要前提。但 20 世纪 80 年代后，经济发展水平已不再是各国经济合作的基本条件，不同经济发展水平的国家也可以展开经济合作，实现区域经济一体化的发展。

开展区域经济合作，组成区域经济一体化组织，其本意就是获取单个国家(地区)所无法获得的利益。因此，在努力争取本国(地区)利益之时，维护一体化组织的整体稳定和整体利益是基础，否则单个国家(地区)的利益也就无从谈起。这实际上就是各个参加方合作与妥协的过程。为保证各国经济合作的利益，必须要遵循以下基本原则。

(一)独立自主和平等原则

独立自主和平等原则是实现区域经济一体化的基本原则。开展区域经济合作的各个国家要本着独立自主的基本原则，开展平等互利的多种形式和内容的合作，以期为本国（地区）和一体化组织获得最大限度的利益。

（二）协调发展原则

区域经济一体化要求各国利益主体要严格遵循协调发展的原则展开一切活动，这样才能实现既定的目标，获得既得利益。可以说，协调发展既是区域经济合作的手段，也是区域经济合作的目的。首先，区域经济合作的利益主体较多，因此，为了形成区域经济发展的合力，创造出仅凭单个国家（地区）的力量无法获得的经济效益，就必须协调各方利益，形成优势互补或优势叠加的效果。其次，区域合作的内容比较宽泛，从商品贸易到要素流动，从同一部门内部的合作到不同部门之间的合作，涉及区域的每一个经济单元。因此，区域经济合作必须协调合作的具体内容，发挥各区域和各部门最大优势。最后，区域经济合作的方式比较灵活。区域经济合作既要努力发挥企业合作的优势，促进企业内资源要素的流动，又要加强区域联系，通过区域合作组织等高层次的合作方式来整合区域资源配置。总的来说，区域经济合作应该从整体利益出发，通过协调合作主体的利益、内容和合作方式，实现区域经济的协调发展。

（三）获取经济利益原则

各国加入区域经济一体化组织的主要目的就在于获取经济利益，促进本国或地区的经济发展。一般来说，经济利益可以分为直接经济利益和间接经济利益两个部分。参加区域经济合作的各方，更注重的是直接经济利益，如获得贸易和经济的增长，提升企业的利润，获得规模经济效应等。间接经济利益对于各有关参加国（地区）实际上同样具有重要意义。例如改善本国（地区）经济发展的外部环境，通过自己的努力改善有利于自身的经济规则等。这些都能使一个国家或地区获得一定的经济利益。区域经济一体化组织的相关利益主体一定要深刻认识到这一点。

第二节　区域经济一体化下区域优势体育产业的培育与发展

发展到现在，区域经济一体化的趋势日益明显，各个国家纷纷加入各种利益组织中，展开密切的交往与合作，从而实现某种利益，获得进一步发展。在区域经济一体化条件下，相关利益主体可以充分利用本区域的资源优势，不断培育与发展本区域的优势体育产业，从而增强自身的竞争力，获得可持续发展。

一、依托区域资源优势，积极进行资源整合

（一）建立资源优势

对于不同区域而言，本区域的体育产业都拥有显性或隐性的优势，如自然资源、人力资源等对本区域体育产业的发展产生重要的影响。对于体育产业而言，自然资源优势决定了产业定位的基础和方向，社会资源优势则决定着优势产业的结构层次。通过这两种资源的结合，能极大地提升体育产业的竞争力，从而推动区域优势体育产业的发展。

一般来说，不同类型的体育产业需要不同的资源，因此一个区域具有资源优势非常重要。对于一个区域而言，本区域内不可能拥有所有类型的体育产业，同时资源也会出现稀缺。在这样的情况下，要充分挖掘体育资源，对其进行充分的开发与利用，这是区域体育产业发展的重要基础。

（二）整合各种生产要素资源

在体育产业发展的过程中，生产要素非常重要，主要包括劳动者、劳动对象与劳动工具三大要素。只有这三大要素相互结合、相互促进才能实现体育产业生产力的发展。

第一，在提升体育产业竞争力的过程中，要充分利用人力资源的优势。如果没有人力资源，就不可能创造出体育产品。因此，要加强体育人力资源的挖掘与培养，从而创造和生产出富有创新性的体育产品，以更好地刺激人们的体育消费。

第二，劳动工具也是促进体育产业发展的必不可少的重要因素。因此，要充分发挥体育人才的主观能动性，创造出适宜的生产工具，借助专业的生产工具，生产出高质量的体育产品。

第三，劳动对象，即体育消费者。生产工具的利用，体育产品的研发的目的都是为了满足消费者的体育需求。因此，要十分重视劳动对象的各种行为，根据劳动对象的兴趣和爱好设计出具有较强吸引力的体育产品。

综上所述，只有将劳动者、劳动工具和劳动对象这三个因素充分结合起来，才能生产出满足人们需要的生产资料和生活资料。表现在体育产业中，即生产出满足人们体育需求的体育产品。

（三）提高体育资源的生产效率

生产效率是指在现有资源条件下，通过技术改进而提高资源产出的一种现象。一般情况下，在原有技术不变的情况下，要想增加一种产品的生产就必须要减少另一种产品的生产，这样才能实现既定的目标。而通过技术的进步，可以在生产同样数量产品的前提下，生产另一种产品，这就是生产效率的提高。

因此，我们在提升优势体育产业竞争力的过程中，不仅要优化与升级体育资源配置，还要重点提高体育资源的生产效率。通过现代科学技术的利用，挖掘与开发各种自然资源，不断创造和改进区域体育产业生产要素的经济转化能力。

除此之外，还要将政府的宏观调控与市场经济机制结合起来，遵循市场经济的发展规律，合理利用政府的宏观调控手段，促使体育产业在一定的政策保障下，在市场化条件下获得健康发展。要鼓励民营体育企业的发展，实现体育产业市场主体的多元化，这对于提高我国体育产业资源的生产与利用效率，促进我国体育产业的全面发展具有重要的意义和作用。

二、推动体育产业集群化发展

体育产业集聚的主要目的在于提高产业生产效率，增强市场竞争力，以获取更高的市场份额。因此，体育产业的经营与管理人员要充分认识到产业集聚机制的重要作用，不断推动体育产业的集群化发展。

（一）通过解构产业链条创造竞争优势

体育产业与其相关产业分别处于不同的产业链上，共同形成完整的产业链条，这些不同的产业链条共同构成一个完整的体育市场体系。体育市场的发育和繁荣依赖于各产业链条的完善。产业价值链的解析为区域优势体育产业的选择提供新的思路，即区域在选择优势体育产业时，不必拥有整条产业链，而可以将产业链中某些具有优势的环节作为区域体育产业的发展方向，在此基础上完善产业发展环境。在产业链上择优而发展，寻找突破口，放大区域在体育产业链条的优势环节，培育产业的竞争优势。

根据产业集聚理论，某个区域内的优势体育产业可以与其他产业融合在一起呈空间集聚，然后利用行业间的关联性与互补性，提高产业的竞争力，获得共同发展。如体育用品制造业要想提升自身的竞争力，要充分利用产业集聚效应，培育产业集群，获得协同发展。

(二)培育核心产业形成产业集聚

在区域体育产业集群化发展的过程中,要以培育区域体育产业某个核心产业的产品、资源的产业化经营为主导,通过产业联系以及外部效应,带动体育相关产业的发展,延伸产业链条形成体育产业群。如体育竞赛表演业的核心是竞赛表演,同时可以带动交通、运输、餐饮、旅游等相关产业发展,还可以通过示范和引导作用,促进健身娱乐业或体育培训业的市场拓展。培育产业的竞争力需要一批有较强核心竞争力的体育企业,形成分工协作,共同发展的格局,带动区域优势体育产业的形成。除此之外,还可以通过体育品牌的拓展化经营带动相关产业的发展。

(三)培育体育产业基地,打造产业集群

大量的实践表明,产业集群是提升体育产业竞争力的重要手段。体育产业基地的培育与发展建立在产业集群理论基础上,通过产业集群理论的指导,体育产业基地能综合利用社会各方面的资源加强自身的改革与发展,打造一个完善的体育产业集群,这对于区域优势体育产业的发展具有重要的意义。

三、与其他产业合作,推动产业融合

体育产业的融合是指体育产业与其他行业或体育产业内部各行业之间相互交叉、相互渗透而逐渐融为一体,获得共同发展的过程。体育产业的这种融合是区域经济一体化不断发展的产物,追求效益的最大化是体育产业融合与发展的内在动力。

在区域经济一体化背景下,体育产业与其他产业相融合与发展非常重要,通过不同产业的融合,能形成一个具有高度相关性和稳定性的产业市场,从而创造出优秀的体育产品或提供优良的体育服务,进而拓展体育产业发展空间,优化体育产业结构,促进体育产业的健康发展。

(一)通过产业间的横向与纵向融合提升产业竞争力

大量的实践表明,可以通过体育产业间的横向与纵向的融合来提升产业的竞争力,促进体育产业的健康、持续发展。

1. 实现体育产业间的横向融合

体育产业间的横向融合是指充分发挥体育产业的功能与区域其他产

业产生联系，重新优化资源配置，拓展体育产业体系的横向幅度。如体育旅游、体育教育、体育康复等都属于体育产业间的横向融合。

2. 实现体育产业内部的纵向融合

体育产业内部的纵向融合，是指通过体育产业链的整合与发展使区域体育产业的发展空间不断向高附加值的产前和产后环节延伸的过程。如风靡全球的职业体育赛事（美职联赛、英超联赛等）就属于其中的典型。通过体育产业内部各行业的融合，增强了本产业的竞争力，从而获得健康持续的发展。

（二）通过产业融合，提高区域体育产业附加值

在区域经济一体化发展的背景下，增强体育产业竞争力的方法主要有两种：一种是通过降低成本，另一种是提高产业收益。而在当今市场竞争越来越激烈的条件下，通过产业的融合，增加产品的附加值，是促进优势体育产业发展的重要手段。

通过体育产业与其他行业的融合可以形成新的产品，这些新的产品往往能满足体育消费者的多元化需求，从而实现产品的高附加值，提升体育产业价值链，形成消费的溢出效应。在当今体育产业融合与发展的趋势下，我国体育产业相关部门或各体育企业也应结合自身的具体实际设计出融合型的体育产品，或为消费者提供多样化的高质量的体育服务，以为区域经济一体化下体育产业的发展带来新的增值空间，促进体育产业的进一步发展。

（三）扩大产业规模，提高体育产业竞争力

通过产业间的融合能促使区域体育产业与其他产业产生互补性融合，从而发挥各自产业的比较优势，整合核心资源的功效，促进体育产业市场细化、扩大区域体育产业规模，实现区域体育产业的健康发展。可以说，产业融合是促进区域体育产业竞争力提升的重要手段。

总之，选择优势产业是推动区域体育产业整体发展的有效路径。在促进区域优势体育产业发展的过程中，要坚持比较优势和竞争优势的基本原则培育与发展优势体育产业。

四、积极发挥政府的管理职能

在我国体育产业发展的过程中，政府部门在其中起到了非常重要的作

用。政府部门在体育事业发展的过程中，既担负着提供公共产品的职责，又起着重要的监管作用。因此，在区域经济一体化背景下，充分发挥区域优势产业，要积极发挥政府部门的管理职能，提高政府部门管理水平，为区域优势体育产业的发展奠定良好的基础。

在区域经济一体化条件下，体育产业具有比较优势是实现竞争优势的重要前提，但要实现这一优势则需要一定的条件。提高交易效率和实现制度创新就是其中的必要条件。在体育产业发展的过程中，任何产品都需要进入市场才能实现应有的经济价值，这个转化过程就与交易效率密切相关。如果区域体育市场的交易效率高，那么经济主体就能够在较低的交易成本实现交换，充分实现生产要素的比较优势向产业竞争优势的转化。较高的交易效率依赖有效的制度安排，有效的制度能协调各市场主体的利益，降低交易成本，促进各产业主体实现应有的经济利益。

制度创新是提升一个国家或地区体育产业竞争力的重要手段和途径。在创新的制度下，体育企业要想方设法地调整自身内部制度和市场行为来适应新的制度环境，这能有效刺激体育企业产生竞争与发展的动力。由此可见，区域发展规划或有关政策制定对保持体育企业活力，增强竞争力具有至关重要的作用。

第三节　粤港澳大湾区体育产业的一体化发展分析

粤港澳地区经济比较发达，有着非常雄厚的经济实力和资源优势。在区域经济一体化发展的背景下，加强粤港澳地区体育产业的一体化发展，能取长补短，充分利用各自的优势实现共同的发展和进步。

一、影响粤港澳大湾区体育产业一体化发展的因素

（一）社会环境

粤港澳地区比较特殊，存在着三种体制（特别行政区、经济特区和其他地区）。这三个地区不论在社会习俗、货币等方面都存在着一定的差异，但都拥有丰富和相似的资源，这为其一体化发展奠定了良好的基础。如粤港澳地区都以粤语为本土方言，在语言方面非常相似，为区域间的沟通与交流提供了重要保障。但这三个地区的语言文字尚未完全接轨，如广东地区很多部门的官方网站没有英文版，而香港和澳门地区一部分人只懂英文，

中文或粤语语言能力较差，不利于双方的合作。发展到现在，粤港澳地区的体育协调发展机制还处于一个初级阶段，并没有建立和形成一个三方制度的协调机构，这不利于各方面工作的协调与开展。因此，社会环境是影响粤港澳地区体育产业一体化发展的重要因素，建立一个良好的社会环境对于这三个地区体育产业化发展具有重要的意义。

（二）经济环境

粤、港、澳三地是我国经济发展比较发达的地区。广东是我国最早实行改革开放政策，且经济最发达的省份之一。2017 年广东省实现地区生产总值 89879.23 亿元，比上年增长 7.5％。香港经济 2017 年增长达 3.8％，高于过往 10 年年均 2.9％的增长率，人均生产总值达 4.6 万美元，处世界前列。2017 年澳门生产总值为 4042 亿澳门元，人均生产总值为 7.76 万美元，在三个地区中属于最高水平。由此可见，粤港澳地区的经济水平非常高，这为其体育产业的一体化发展奠定了良好的经济基础。

（三）交通环境

经过多年的发展，目前粤港澳三个地区已经形成了“一小时生活圈”，有着非常便利的交通条件。便利的交通条件为三个地区不同人员参与体育交流活动提供了较大的帮助。需要注意的是，据调查，广东一部分居民对交通条件还不是特别满意，他们普遍认为通关手续比较烦琐，费用高且非常耗费时间。另外，广东居民对港澳地区的环境和人文习俗不是很了解，也增加了出行及与人沟通的难度。在港深便利化措施的期望值方面，对通行证免签多次往返和凭身份证免签过关的便利措施期望值最高，其次就是港深直通的士、开通更多港深直通巴士和简化过关手续。虽然广东居民申请港澳通行证工作日较以往缩短，但开放制度还有待于进一步完善。① 交通环境是影响粤港澳地区体育产业一体化发展的重要因素，因此政府部门要听取群众的意见和建议，进一步改善交通环境，为三个地区体育产业的交流扫清障碍。

（四）体育设施及体育产品质量

一个良好的体育设施条件无疑会对人们参与体育文化交流产生良好的影响，而较高的体育产品质量则能激发人们参与体育消费的欲望。对于

① 周良君，侯玉鹭，张璐，等．粤港澳区域体育发展研究[J]．体育学刊，2011，18(3)：44－47.

香港和澳门而言，这两个地区的体育设施和体育产品资源都比较匮乏，而广东则相反。近年来，在广东举办的大型体育赛事越来越多，影响力也越来越大，在这样的背景下，吸引了大量的港澳居民来粤参与或欣赏体育赛事，极大地促进了三个地区体育文化的交流。因此，体育设施与体育产品质量也是影响粤港澳地区体育产业一体化发展的重要因素。

（五）媒体宣传

随着区域经济一体化的不断发展，粤港澳地区之间的交流日益频繁，突出表现在经济、文化、体育等方面。要想更进一步促进三个地区的沟通与交流，加大媒体宣传的力度是必不可少的手段。内地及广东大部分人对港澳地区的认识与了解大都通过媒体宣传途径实现，因此，媒体宣传手段非常重要。在未来的发展中，要充分利用好这一手段，以促进粤港澳地区的体育产业交流与发展。

（六）余暇时间

余暇时间也是影响粤港澳地区体育交流的重要因素之一。目前，中国内地实行 5 天工作制，据粗略统计，我国公民全年法定节假日时间达到 114 天，这为人们参与体育活动提供了重要的时间基础。香港、澳门的法定假日则更多，全年节假日时间大约有 119 天。这为三地居民相互交流提供了充足的余暇时间。

二、粤港澳大湾区体育产业一体化发展的可行性分析

（一）以实践经验为理论依据

在经济全球化不断发展的今天，体育也成为国与国、地区与地区之间交流与合作的重要内容之一。各个国家或地区分别颁布了一些有利于促进各国彼此间体育交流的文件，这为推动各国之间的体育合作提供了重要的法律制度保障。另外，一些国家还拟定了体育各协会的发展规划，为促进各国之间的体育交流定期召开国际论坛。本着精诚合作、共同发展的思路，广东与广西签署了《广西壮族自治区体育局与广州市体育局合作框架协议》，这两个地区在政治、经济、文化、体育等领域都会展开合作与交流，这为粤港澳地区体育产业一体化的构建提供了宝贵的实践经验。

（二）以粤港澳体育管理体制相互融合为指导

受历史传统、社会风俗等各方面因素的影响，香港体育管理体制一直存在着社会办体育的色彩。香港体育委员会是其最高管理机构，下设三个专门负责委员会：社区体育活动事务委员会、大型体育事务委员会、精英体育事务委员会。该委员会除了行使行政职能外，还代替政府执行一些任务。这就在一定程度上摆脱了政府的制约，有利于体育远离政府直接的政治控制，方便各民间体育组织展开交流与合作。

在澳门，澳门的体育管理机构是体育总署。设立体育总署的主要目的是鼓励和引导体育运动的发展，为体育运动的发展创造良好的基础与条件，同时在体育从业人员间充当调解人的角色。由此可见，体育总署扮演着至关重要的角色。

对于广东而言，设立省体育局，体育局下设办公室、群众体育处、竞技体育处、青少年体育处、体育经济处等相关部门和机构，除了领导各部门展开正常的体育活动外，还负责与港澳台地区和其他国家（地区）的体育交流合作工作。

（三）以发展粤港澳体育经济一体化为突破

为促进粤港澳地区经济一体化发展，我国政府颁布了一系列政策，将推进粤港澳区域经济发展上升为国家战略。粤港澳地区因地缘优势被称作泛珠江三角洲，这三个地区的经济实力非常雄厚，为体育产业的一体化发展奠定了良好的经济基础。

进入 21 世纪以来，广东体育产业获得了迅速的发展，其中主要形成了以健身服务业、竞赛表演业、体育用品业为主体的体育产业格局。广东省举办过第 16 届亚运会和第 26 届大学生运动会，另外 NBA 中国行、广州网球公开赛等一系列赛事与活动的举办极大地提高了城市影响力。对于香港和澳门而言，这两个地区的群众体育发展良好，参与体育锻炼的人口非常多，体育人口已达到世界中等国家水平，但是竞技体育发展得相对缓慢。而这可以与广东地区加强合作与交流，取长补短，互通有无，促进彼此间的共同发展。

（四）以跨行政区域的全民体育为统一

近些年来，我国非常重视全民健身活动的开展，将全民健身作为全面建设小康社会的重要内容，这是构建社会主义和谐社会的必然要求，是一项造福万民的事业。

作为我国经济最为发达的地区，粤港澳三地参与体育运动锻炼的人口非常之多，当地的主管部门应积极引导人民群众自发参与体育健身，制定相关的政策与文件鼓励三地居民加强体育交流，包括体育经济、体育文化、体育学术等各方面的交流。

发展到现在，我国广东省各地市之间的体育发展存在着较大的差异，尤其是城乡之间的差距更为明显。要扭转这一局面，促进各地区的共同发展，就必须打破行政区划的限制，加强各地区之间的体育交流，培养大量的高素质的社会体育指导员，充分发挥各级各类体育协会的作用；还要不断挖掘适合本区域的特色体育项目，与港澳地区加强沟通与交流，互通有无，优势互补，促进各地体育事业的共同发展。

三、粤港澳大湾区体育产业一体化发展的对策

（一）制定政策法规，构筑粤港澳区域体育发展的桥梁

为促进粤港澳三地体育产业的共同发展，应组建一个粤港澳体育合作领导小组，定期或不定期地进行体育方面的沟通和交流，以增强彼此间的联系。另外，还可以根据实际情况，建设一个咨询网络体系，将三地的体育人才聚集在一起为促进三地体育产业的一体化发展出谋划策。还可以组建由三地体育专家和学者组成的体育发展专家委员会，为粤港澳地区的体育产业发展提供必要的咨询服务。三地体育产业部门还可以协调工商、科教、卫生等部门，出台扶持体育产业发展的各种政策，建立一个权责明确、监督有效、保障有力的体育行政执法体系，保证体育产业的健康发展。①

（二）深入挖掘粤港澳体育资源，实现区域体育产业发展的一体化

为促进粤港澳三地的体育产业交流与发展，可以结合各地实际调整竞技体育项目布局，建立一个科学、有效的粤港澳区域竞赛体制，建设一个体育后备人才培养基地，共同打造出具有鲜明特色和优势的区域体育品牌，展开优势项目的交流与合作。如广东省可以选派优秀的竞技体育教练员赴香港和澳门执教，而港澳地区也可以将自己优势项目的发展经验传授给广东地区，如棒球、保龄球、壁球等。另外，还可以按照赛事精品化和竞技体育集约化原则，实现错位发展、差异化竞争，努力提升三地的体育产业发

① 周良君，侯玉鹭，张璐，等．粤港澳区域体育发展研究[J]．体育学刊，2011，18(3)：44—47.

展的实力，打造特色与优势体育品牌，增强国际竞争力，在体育用品业、竞赛体育表演业等方面形成一个健全和完善的体育产业链。

（三）管理制度优势互补，共建交流平台

我国实行的是“举国体制”，这一体育体制有自身的优势。广东省体育事业部门可以充分利用这一优势，统一协调各地区竞技体育和群众体育的发展，在保证竞技体育优势地位的基础上，重点做好群众体育的发展和建设。与大陆的“举国体制”不同，港、澳两地区的体育管理社会化水平较高，主要依托社会办体育事业，市场经济的成分更足，具有自身的发展优势。因此，粤港澳三地可以建立一个资源共享交流平台，在充分发挥自身优势的基础上，加强联系，取长补短，实现优势互补，达到共赢。

（四）以举办大型体育活动为契机，推动粤港澳区域体育产业实现跨越式发展

粤港澳三地经济比较发达，有着雄厚的体育资金实力，可以举办大量具有影响力的体育赛事，以此为契机推动三地区域体育产业实现跨越式的发展。在发展三地体育产业的过程中，要建立一个科学、完善的机制，以此为依据，以大型体育赛事或活动为途径增强彼此间的沟通与交流。如广州举办亚运会和深圳举办世界大学生运动会就为粤港澳三地体育旅游的联动创造了良好的机会。通过一系列大型体育赛事的举办，广东的特色体育文化，独特的体育旅游资源，给港澳人民留下了良好的印象。因此，在未来的发展中，可以结合三地的具体实际设计富有特色的区域体育旅游项目，以吸引大量的旅游爱好者参与其中，提升三地在国内甚至国际上的体育旅游地位。

参考文献

[1]王飞.我国体育产业发展的制度创新研究[M].北京:北京体育大学出版社,2016.

[2]江小涓.体育产业的经济学分析[M].北京:中信出版社,2018.

[3]张瑞林,王会宗.体育经济学概论[M].北京:高等教育出版社,2015.

[4]陈林祥.体育市场营销[M].北京:人民体育出版社,2010.

[5]刘远祥.体育产业结构优化研究[M].济南:山东大学出版社,2015.

[6]吴香芝.我国体育服务产业政策及发展对策研究[M].北京:中国社会科学出版社,2018.

[7]夏正清.体育产业运营管理[M].西安:西安地图出版社,2011.

[8]肖林鹏.体育管理学[M].北京:北京师范大学出版社,2011.

[9]杨铁黎.体育产业概论[M].北京:高等教育出版社,2010.

[10]刘平江.体育俱乐部的经营与管理.[M].2版.北京:北京航空航天大学出版社,2014.

[11]钟天朗.体育经营管理:理论与实务[M].上海:复旦大学出版社,2004.

[12]李万来.体育经营管理概论[M].北京:人民体育出版社,2006.

[13]靳英华.体育经济学[M].北京:高等教育出版社,2011.

[14]王大鹏.体育产业经济前沿[M].保定:河北大学出版社,2006.

[15]柳柏力,李万来.体育产业概论[M].北京:人民体育出版社,2005.

[16]卢嘉鑫,张社平.体育产业发展理论与政策[M].北京:北京体育大学出版社,2011.

[17]唐豪,魏农建.中国竞技体育产业市场研究[M].上海:学林出版社,2005.

[18]陆小成,冯刚骆慧菊.体育强国视域下体育产业创新驱动机制研究[J].西南石油大学学报,2016,18(1):34－38.

[19]贾元帅.新时期山东省体育文化产业创新发展研究[D].曲阜:曲阜师范大学,2017.

[20]李骁天,王莉.我国体育用品产业市场垄断与竞争分析——以市场行为为切入点[J].北京体育大学学报,2008(31):1595－1597.

[21]江和平，张海潮.中国体育产业发展报告（2008—2010）[M].北京：社会科学文献出版社，2010.

[22]郭晶晶.中国体育产业市场研究 ——基于 SCP 范式[D].武汉：武汉大学，2012.

[23]陈鹏.中国体育：亚运会后何去何从[J].瞭望（新闻周刊），2010，(48)：42－43.

[24]杨丽丽.我国体育产业结构现状与优化对策研究[D].上海：上海体育学院，2013.

[25]马海涛，谢文海.国际大都市体育产业组织路径的经验与启示[J].世界地理研究，2012(21)：112－117.

[26]杨俊祥，和金生.知识管理内部驱动力与知识管理动态能力关系研究[J].科学学研究，2013(31)：258－265.

[27]肖林鹏，叶庆辉.体育赛事项目管理[M].北京：北京体育大学出版社，2005.

[28]王宽.体育经纪服务业运行管理研究[J].经济研究导刊，2017(14).

[29]周良君，侯玉鹭，张璐，等.粤港澳区域体育产业发展研究[J].体育学刊，2011，18(3)：44－47.

[30]赵艳.转型升级背景下体育产业资源整合的动力因素研究[D].武汉：武汉体育学院，2015.

[31]江福云，江治宜.我国竞技体育产业发展研究[J].体育文化导刊，2009(8)：80－82.

[32]董世欣.我国体育产业资源整合模式研究[D].武汉：武汉体育学院，2015.

[33]杨倩.我国体育产业结构优化升级研究[D].上海：上海体育学院，2011.

[34]齐星.国内体育彩票业历程回顾及趋势展望[J].当代体育科技，2014(26)：160，162.